# 湖南古代廊桥

蒋响元　敬海泉◎编　著

人民交通出版社股份有限公司
北　京

## 内 容 提 要

《湖南古代廊桥》以湖南交通遗产普查成果为基础，以明清时期湖南道路演变为线索，以湘、资、沅、澧四水及赣江、桂江、北江流域为地理单元，简要分析了廊桥发轫发展、构造特征及文化内涵，系统介绍了盐铁古道、茶马古道、茶盐古道、盐帮古道、烟银特道、官马大道及其支线道路上的廊桥遗存，并重点梳理了与此相关的历史文化背景。

**图书在版编目(CIP)数据**

湖南古代廊桥/蒋响元,敬海泉编著. —北京:人民交通出版社股份有限公司,2023.9

ISBN 978-7-114-18687-5

Ⅰ.①湖… Ⅱ.①蒋… ②敬… Ⅲ.①古建筑—桥—介绍—湖南 Ⅳ.①K928.78

中国国家版本馆 CIP 数据核字(2023)第 049311 号

**审图号:GS(2023)2076 号**

**书　　名:** 湖南古代廊桥
**著 作 者:** 蒋响元　敬海泉
**责任编辑:** 陈　鹏
**责任校对:** 孙国靖　卢　弦
**责任印制:** 张　凯
**出版发行:** 人民交通出版社股份有限公司
**地　　址:** (100011)北京市朝阳区安定门外外馆斜街 3 号
**网　　址:** http://www.ccpcl.com.cn
**销售电话:** (010)59757973
**总 经 销:** 人民交通出版社股份有限公司发行部
**经　　销:** 各地新华书店
**印　　刷:** 北京印匠彩色印刷有限公司
**开　　本:** 880×1230　1/16
**印　　张:** 24.5
**字　　数:** 702 千
**版　　次:** 2023 年 9 月　第 1 版
**印　　次:** 2023 年 9 月　第 1 次印刷
**书　　号:** ISBN 978-7-114-18687-5
**定　　价:** 168.00 元

# 《湖南交通遗产》
# 丛书编辑出版委员会

# 作者简介

**蒋响元**　1964年8月出生，中国公路学会交通文化工作委员会副主任委员、茅以升科技教育基金会中国古桥委员会副主任委员、哈尔滨工业大学研究生校外导师、湖南省社会科学院特邀研究员。

完成著作11部，发表论文30余篇。部分论文或由《中国人民大学复印报刊资料》全文转载，或入选《中国改革全书》；《湖南交通文化遗产》获卫视新闻播报，《湖南古代交通遗存》入选《湖湘文库》，《湖南古代交通史》获全国首届交通史志与文化读物优秀成果唯一二等奖，部分成果入选长沙博物馆科普教材，并被《中国国家地理》收录。

在国内率先提出加强交通遗产保护建议，获交通运输部、湖南省主要领导肯定，成为《交通强国建设纲要》（2019）要求“推进优秀交通文化传承创新，加强重要交通遗存保护利用”的先声。

**敬海泉**　1987年4月出生，工学博士，博士生导师，中南大学深圳研究院副院长、中南大学古桥研究中心副主任、湖南省杰出青年基金项目获得者。

长期从事桥梁风工程和古桥研究与保护的教学和科研工作。发表论文50余篇，主持科研项目30余项，获国家科技进步二等奖1项、中国铁道学会和中国公路学会一等奖各1项、茅以升铁道科技奖等。

# 前　　言

桥梁是人类文明创造的杰作，桥梁发展与交通演变息息相关。正如先哲所言："人类之历史，始终是不得不和产业史与交通史关联着，而被研究、被整理。"① 桥梁工程史是文明发展史的重要组成部分。

湖南地处长江中游，位居南北要冲，沅湘文化底蕴深厚，交通历史源远流长，是中华文明多元一体进程中的重要区域。约70万年前，"洞庭之野"就有原始人类繁衍生息。道县福岩洞人类化石（距今8万—12万年）证实，东亚已知最早的现代人类出现在南岭北麓，他们在潇湘之滨迈出了至关重要的第一步。

新石器时期，玉蟾岩稻作和制陶、彭头山刻符、八十垱环壕、高庙宗教文化以及城头山城池的起源和传播，是沅湘先民对华夏文明形成和发展的重要贡献。澧县八十垱环壕（约8000年前）的发掘意味着，有考古材料验证、中国最早的人工桥梁出现在澧阳平原。而文献记载最早的梁桥——钜桥，建于3000年前的商代晚期。

交通遗产见证了社会发展的历史进程，凝聚了先民适应自然、改造自然的艰辛与智慧，承载着中华民族生生不息、赓续不绝的文化基因。2009—2010年，在笔者倡导下，湖南交通、文物部门联合进行了省内首次大规模、全方位的交通遗产普查和廊桥专题调查，新发现并确认了一批交通史上具有重要意义的文化遗存。

普查成果显示，湖南遗存古道121条（含驿道46条、纤道10条）、古渡330处（完成勘测26处）、古亭722座（完成勘测95座）；中华民国以前桥梁2000余座，其中已完成调查、勘测的廊桥215座、石梁桥197座、石拱桥543座、其他桥梁56座。

湖南加强交通文化遗产保护的举措，得到了社会广泛关注，中央电视台、新华社、《人民日报》等官方媒体纷纷报道，促成了一大批交通遗产入列各级文物保护单位。2011年公布的第九批湖南省级文物保护单位中，湘粤驿道（郴州段）、湘桂驿道（江永、江华段）、湘黔驿道（洞口段）以及沅水古纤道、武冈木瓜桥、蓝山万年桥、凤凰虹桥等在列，其中驿道、纤道、路亭及驿站首次入选。2013年，安化风雨桥群（共7座）、潇贺古道被公布为全国重点文物保护单位。

2012年7月，荟萃普查成果的《湖南交通文化遗产》正式出版。10月，湖南卫视新闻以《你应该知道的湖南：古代交通文化遗产》为题对该书内容进行了报道。2013年，《湖南古代交通遗存》入选国家重点出版项目《湖湘文库》。

由于种种原因，交通、文物基层工作人员通过艰辛田野作业取得的调查资料，一直未能出版。以古桥为例，完成调查、勘测共1011座，《湖南交通文化遗产》只收录154座，其中廊桥仅53座。

① 马克思、恩格斯：《德意志意识形态》，上海：群益出版社，1949年，第63页。

交通遗存是历史记忆的载体，人类文明的活化石。整理出版普查成果，能够展示源远流长的湖湘文明，营造文化遗产保护的良好氛围，描绘现代文明与历史文物交相辉映的壮美画卷。

2018 年 7 月，根据时任全国政协副主席、交通运输部党组书记杨传堂等领导关于交通遗产普查保护相关问题的批示精神，湖南省交通运输厅决定成立《湖南交通遗产》丛书编辑出版委员会，将普查资料全部著录出版。丛书拟分为五卷——《湖南古代廊桥》《湖南古代石拱桥》《湖南古代梁桥、跳桥》《湖南古道古亭及舟车马具遗存》以及《湖南非物质交通文化遗产》。

2021 年 8 月，中共中央办公厅、国务院办公厅印发《关于在城乡建设中加强历史文化保护传承的意见》，强调“本着对历史负责、对人民负责的态度，……确保各时期重要城乡历史文化遗产得到系统性保护”。2022 年 6 月，中共湖南省委办公厅、省人民政府办公厅印发《关于在城乡建设中加强历史文化保护传承的实施意见》，要求“系统完整保护传承城乡历史文化遗产”。这些政策的出台，为文化强国和美丽中国建设提供了有力保障，开启了交通遗产保护传承的新征程。

作为桥亭组合结构，廊桥发轫于先秦，成长于汉晋，繁荣于唐宋，鼎盛于明清。有关资料显示，国内古近代廊桥尚存 1000 余座①。

根据 2009 年市州上报和其后多年补录修订，湖南始建于中华人民共和国成立以前的廊桥遗存 368 座，分布在除岳阳、湘潭外 12 个市州的 58 个县市（区）。这其中包括始建于清代以前廊桥 65 座（唐五代 2 座、宋代 6 座、元代 5 座，明代 52 座），清代 208 座，中华民国时期 51 座，年代不详 44 座。这些廊桥跨湘江（65 座）、资水（156 座）、沅江（115 座）、澧水（19 座）及北江（7 座）、桂江（5 座）、赣江（1 座）水系，分布市州以邵阳（90 座）、怀化（68 座）居多，县市（区）则以新化（51 座）、安化（34 座）为最。

湖南古代廊桥大多分布在湘南、湘中、湘西盐铁古道、茶马古道、茶盐古道、盐帮古道、烟银特道、官马大道及其支线道路上。其中，湘安古道上的涟源新车桥始建于唐，是湘境始建年代最早的木梁廊桥；盐铁古道上的桂阳聚仙桥，建于南宋嘉泰元年（1201），是省内有确切纪年、年代最早的石拱廊桥；烟银特道上的洞口水东桥，全长 86 米，是省内最大的木梁廊桥；湘黔官道上的芷江龙津桥，长 246. 7 米，入选吉尼斯世界纪录；湘桂西部通道上的通道普济桥，是省内孔跨（19. 8 米）最大的木构廊桥。

自 2009 年 3 月至 2023 年 8 月，编者收录的湖南古代廊桥遗存从 215 座陆续增加到 368 座。可以说，《湖南古代廊桥》是跨界合作典范，更是交通、文物基层工作人员和专家、文旅爱好者共同努力的结果。

《湖南古代廊桥》在编写过程中，得到了省交通运输厅历任领导、同事及市州交通、文物部门的大力支持，以及交通运输部原党组书记杨传堂、原交通部部长黄镇东和茅以升科技教育基金会理事长茅玉麟的亲切勉励。中南大学古桥研究中心敬海泉教授参与了学术协作；谢岚、杨洋、钟进云、奉荣梅、彭雨琳、曹航惠等对普查资料进行了勘校整理；湖南省交通规划勘察设计院彭立、长沙理工大学严均、道县文物所杨雄心、新化文物所邓智前、安化文物所欧阳红焰、新浪微博@湘村发现之旅彭志以及刘琦、欧阳远新、刘洪国、罗显庆、吴卫平、王政、金凯、肖典喜、覃事良、谢武经、李煌庆、李慧君、杨慧菊、王启亿、陈先枢、杨慧、许佩、唐定国、唐艳明、唐艳军、

① 中国公路学会：《中国廊桥》，北京：人民交通出版社股份有限公司，2019 年，第 9 页。

王华、柳王敏、童迪、秦满花、易昊宇、常立军、伍婷婷、蒋瑛、黄腾飞等提供了珍贵照片，邵阳、怀化和石门交通运输局安排专人补拍了部分照片。

书稿过审后，《中国交通报》《湖南日报》、新湖南、红网以及湖南都市频道等媒体先后报道或专题采访，湖南省文化与旅游厅官网、华声在线、新浪、搜狐等相继转载，凸显了人们对“我从哪里来”的兴趣，取得了较好的传播效果。

2023 年 8 月，书稿经过终校，即将付印之际，新浪微博@ 湘村发现之旅博主彭志先生送来多年田野调查搜集的廊桥资料（其中 27 座原稿没有收录），丰富了全书内容。

在此，一并表示感谢。

**蒋响元**
**2021 年 7 月 10 日　初稿**
**2022 年 2 月 28 日　二稿**
**2022 年 7 月 26 日　三稿**
**2022 年 10 月 29 日　终稿**
**2023 年 8 月 28 日　修订**

四川
重庆
湖北
长江
宜昌市
夷陵州
当阳
长阳
宜都
枝江
荆州府
江陵
松滋
公安
景陵
天门
潜江
汉川
汉阳府
汉阳
武昌府
武汉市
沔阳州
沙镇
嘉鱼
蒲圻
咸宁
崇阳
监利
石首
华容
临江驿
临湘
岳州府
巴陵
鹿角驿
通城
平江
湘阴
长沙府
长沙
宁乡
望城
善化
湘潭
浏阳府
醴陵
萍乡
江西
湘乡
衡山
衡州府
衡阳
攸县
茶陵州
安仁
耒阳
常宁
永兴
郴州
桂阳州
桂阳
宜章
临武
蓝山
宁远
道州
永明
江华
永州府
零陵
祁阳
东安
新宁
武冈州
城步
宝庆府
邵阳
新化
安化
益阳
沅江
龙阳
常德府
武陵
桃源
澧州
石门
慈利
安乡
津市
永定卫
九溪卫
辰州府
沅陵
泸溪
辰溪
溆浦
黔阳
会同
靖州
绥宁
通道
麻阳
沅州
芷江
铜仁府
思州府
平溪卫
黎平府
五开卫
施州卫
恩施
宣恩
鹤峰
来凤
龙山
永顺宣慰司
保靖州宣慰司
保靖
秀山
酉阳
黔江
贵州
广西
桂林府
临桂
灵川
兴安
全州
灌阳
阳朔
平乐府
平乐
恭城
富川
贺县
柳州府
柳州市
广西壮族自治区
广东
韶州府
曲江
乐昌
乳源
连州
连山
阳山
英德
翁源
始兴
仁化
长宁
新丰
湘潭市 今地
醴陵 县、司
资水 水系
干道 一 大道
府界
永州 州府
湖泊
沼泽
要地、市镇
明代湖南交通地理图

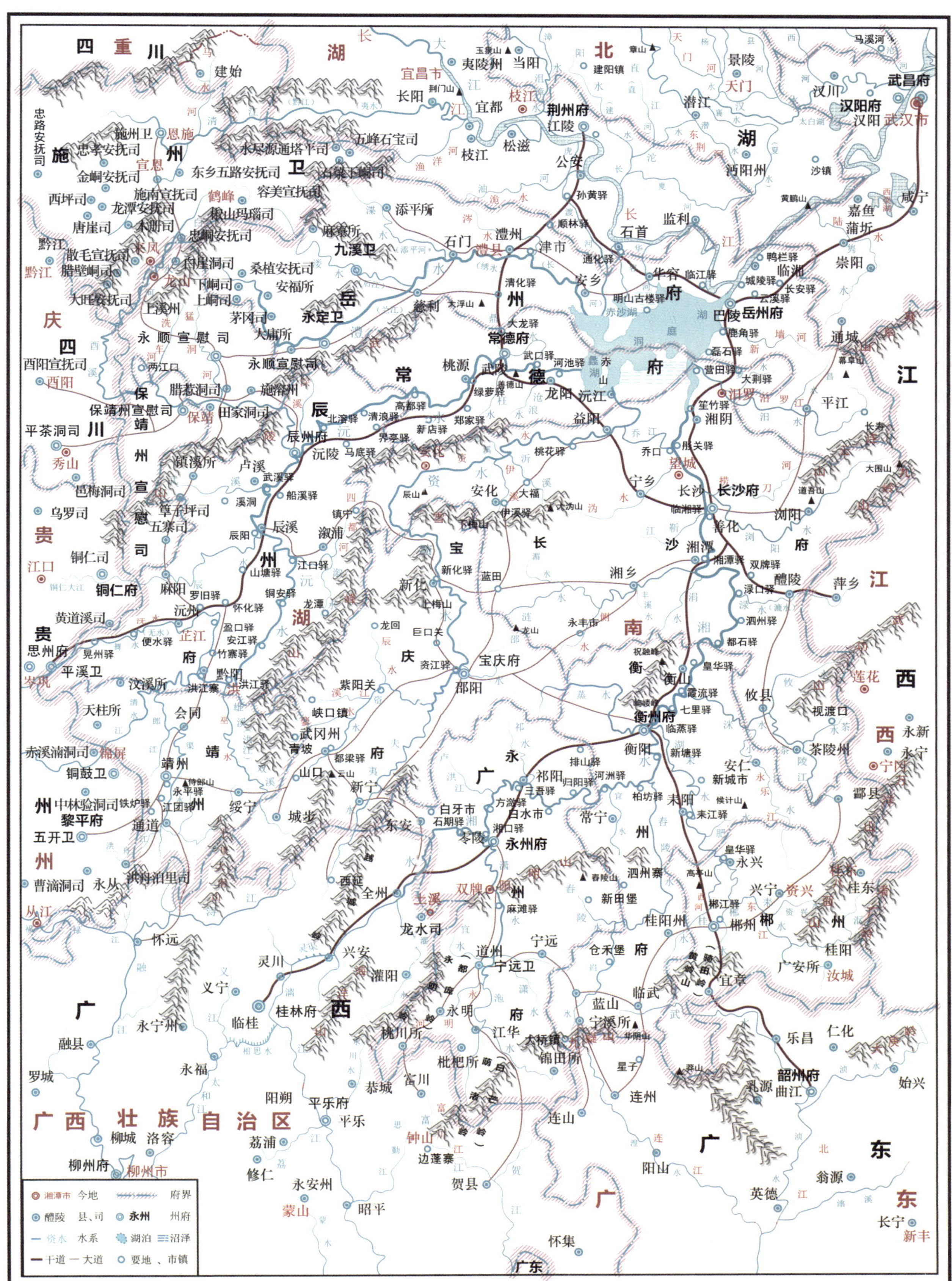

重庆
四川
湖北
湖南
贵州
广西壮族自治区
广东
江西
武汉市
云阳
巴东
归州
秭归
荆门州
京山
应城
云梦
孝感
黄陂
东湖
宜昌府
当阳
天门
汉川
汉阳府
汉阳
汉口
武昌府
江夏
纸坊
建始
长阳
宜都
枝江
荆州府
江陵
沙市
松滋
潜江
仙桃镇
沔阳州
利川
恩施
施南府
长乐
五峰
宣恩
鹤峰州
公安
孙黄驿
监利
新堤
嘉鱼
咸宁
洪湖
咸丰
来凤
龙山
黔江
石门
澧州
津市
顺林驿
石首
华容
临江驿
巴陵
临湘
长安驿
蒲圻
崇阳
通城
慈利
安福
清化驿
安乡
南洲直隶厅
岳州府
云溪驿
桑植
永定
大龙驿
武陵
常德府
等伴洲
舵杆洲
黄冈驿
永顺
永顺府
酉阳州
桃源
龙阳
沅江
大荆驿
归义驿
平江
保靖
古丈坪厅
郑家驿
龙潭驿
笙竹驿
湘阴
铜鼓石
秀山
永绥厅
辰州府
沅陵
界亭驿
新店驿
益阳
桃江
桃花驿
桥头驿
连云山
马底驿
东坪市
镇溪营
吉首
乾州厅
泸溪
船溪驿
安化
大福
望城
宁乡
长沙
长沙府
善化
黄花市
浏阳
松桃厅
滥泥站
辰溪
溆浦
高村
凤凰厅
韶山冲
湘潭
南山驿
湘乡
娄底市
双牌驿
醴陵
萍乡
铜仁
麻阳
岩门站
山塘驿
怀化驿
新化
南岸驿
渌口
插岭关
铜仁府
沅州府
罗旧驿
榆树湾
万山司
芷江
湘邵驿
永丰市
黄茅驿
晃州厅
便水驿
安江
新邵
楮塘驿
衡山
黄堡驿
玉屏
黔阳
紫阳驿
宝庆府
邵阳
邵东
衡东
莲花厅
永新
天柱
洪江
洞口市
隆回
清泉
攸县
会同
武冈州
祁东
衡州府
衡阳
茶陵州
宁冈
永宁
锦屏
靖州
排山驿
安仁
酃县
炎陵
炎帝陵
通道
绥宁
新宁
祁阳
三吾驿
冷水滩
白牙市
常宁
耒阳
黎平府
黎平
开泰
城步
东安
永州府
零陵
双江
西延镇
黄沙
阳明山
永桂厅
永兴
兴宁
桂东
永从
龙胜厅
枣木岭腰站
麻滩驿
新田
资兴
从江
西妹铺
古泥铺
全州
土溪
郴州
宁远
嘉禾
桂阳州
汝城
桂阳
崇义
灵川
兴安
灌阳
道州
蓝山
宜章
怀远
义宁
桂林府
临桂
永明
南风坳
临武
乐昌
仁化
南雄州
长安镇
永宁州
江华
白芒营
江藻厅
星子
莽山
曲江
始兴
融县
永福
恭城
龙虎关
韶州府
罗城
阳朔
连州
乳源
柳城
平乐
平乐府
富川
桂岭
连山厅
修仁
荔浦
阳山
翁源
贺县
昭平
英德
长宁
永安州
新丰
湘潭市 今地
醴陵 县州
永州 州府
资水 水系
湖泊
沼泽
府界
驿道、大道
要地、市镇

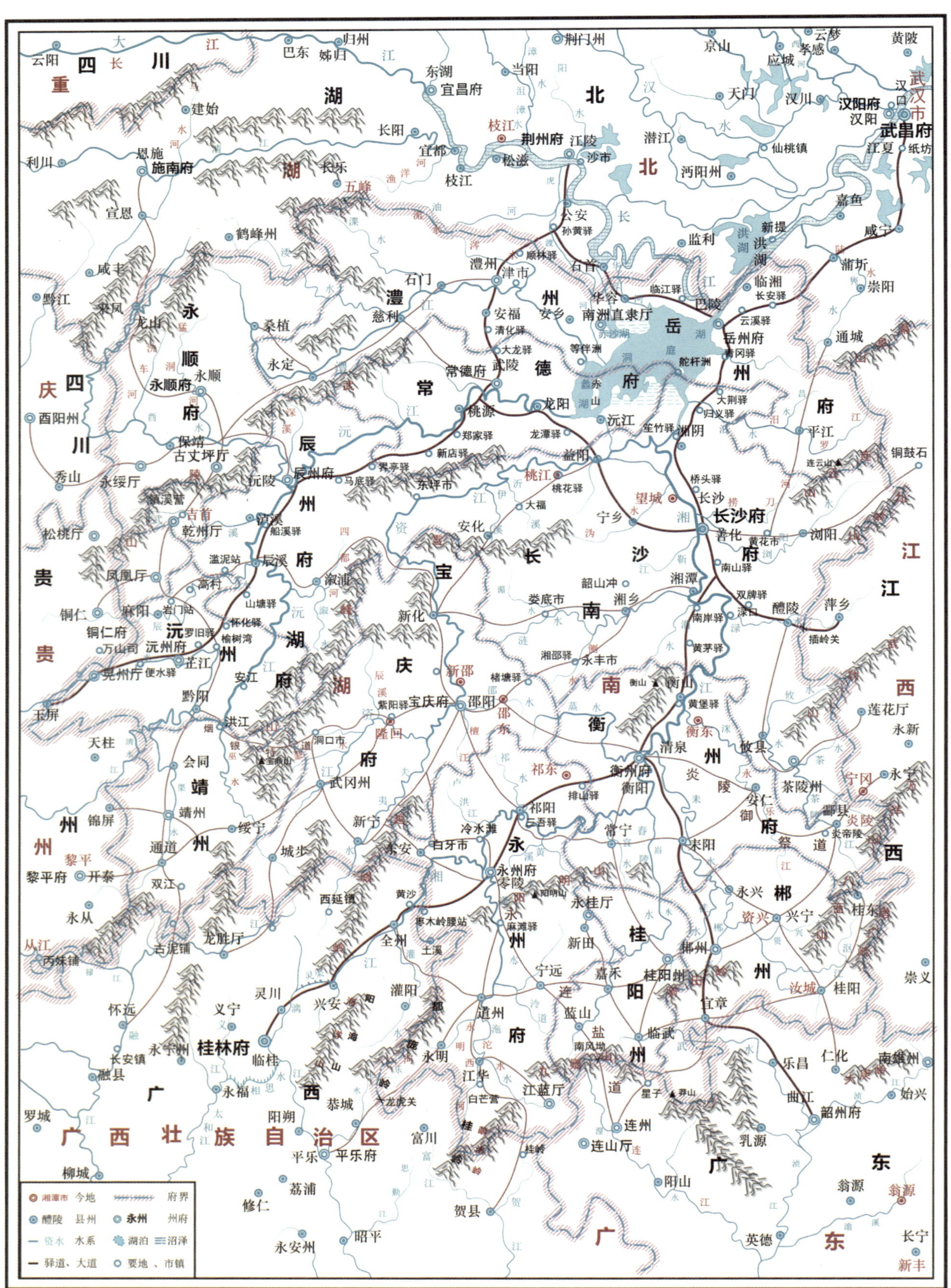

清代湖南交通地理图

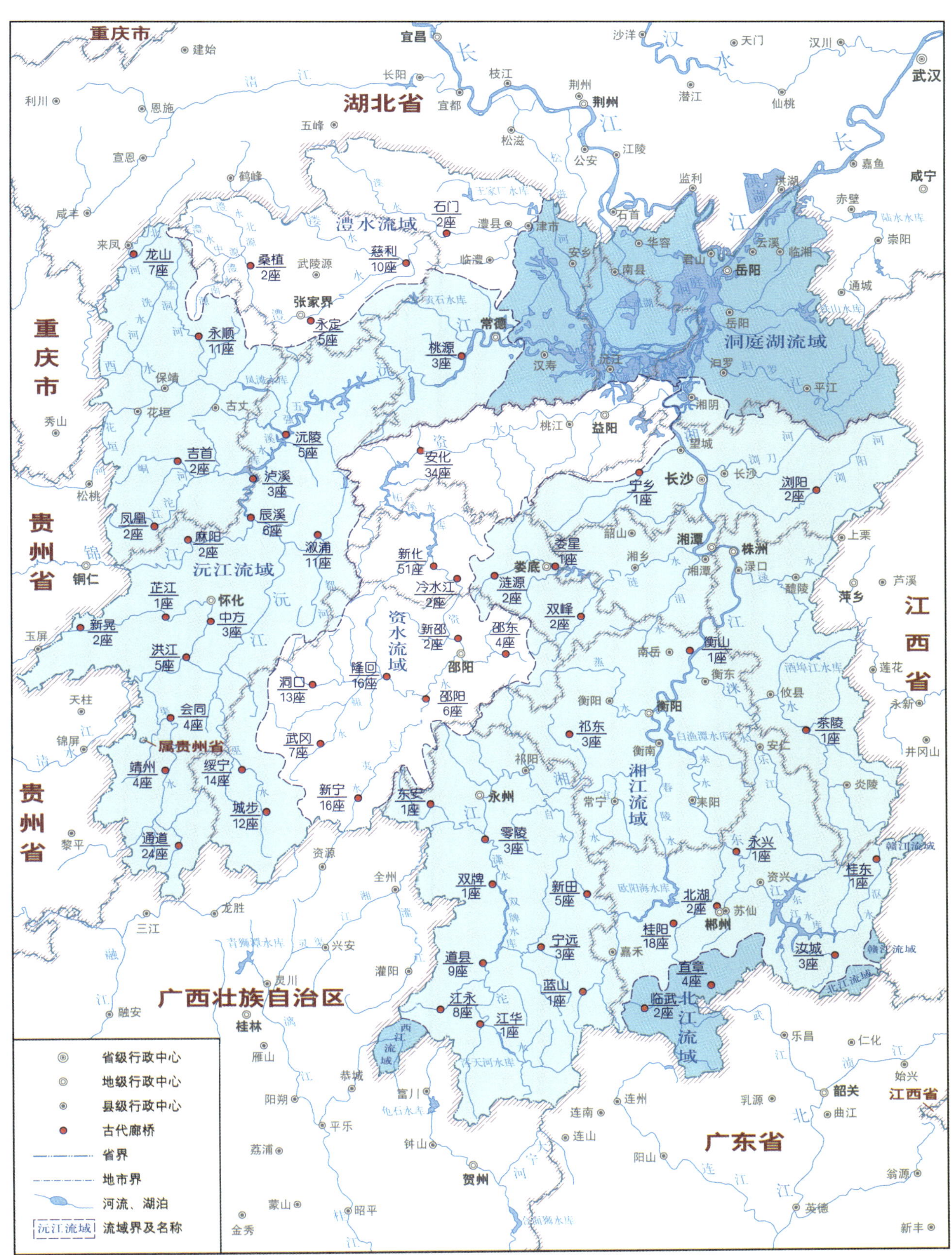


湖南古近代廊桥水系分布图

# 目　　录

# 第一章 绪 论

廊桥，又称花桥、屋桥、风雨桥、凉亭桥，既有跨越溪沟、遮阳避雨的实用功能，又具飞檐重阁、雕梁画栋的艺术价值，是集建筑、宗教、彩绘、雕刻、书法和民俗文化之大成的典范之作，20 世纪 40 年代由湘籍建筑史学家刘敦桢先生正式命名。

廊桥历史悠久，分布广泛，文化内涵丰富，民俗特征明显，既是建筑史上浓墨重彩的华章，又是桥梁史上匠心独具的创造。

作为公共建筑，除满足交通需求外，廊桥还兼具休憩场所、祭祀神庙、集贸市场、表演舞台及文化长廊等功用。人们在桥上避雨乘凉、祭拜神灵、交易交流、载歌载舞，传承民俗文化（图 1-0-1）。

图 1-0-1 龙山捞车惹巴风雨桥旁的土家欢歌（彭梁心 摄）

## 一、发展演变

廊桥源于新石器时代发轫的干阑式建筑①。已知最早的干阑式建筑见于浙江河姆渡遗址（距今 7000—6000 年，图 1-1-1），已知最早的木构基础出现在澧县鸡叫城遗址（距今约 4700 年）。

春秋战国时期，城防设施或宫殿苑囿遮挡雨雪的“复道”“阁道”，可谓廊桥雏形。《墨子·号令》：“守宫三杂（匝），外环隅为之楼，内环为楼；楼入葆宫丈五尺，为复道。”②

① 刘杰：《江南木构》，上海：上海交通大学出版社，2009 年，第 131-135 页。

② 《墨子》，卷十五，四部丛刊景明嘉靖三十二年唐尧臣刻本。

图 1-1-1 河姆渡遗址博物馆复原的干阑式建筑

秦始皇扩建咸阳宫，“殿屋复道周阁相属”，又“周驰为阁道，自殿下直抵南山”“为复道，自阿房渡渭”①。这些通南山、跨渭水的“阁道”“复道”无疑是廊桥，故《阿房宫赋》有“长桥卧波，未云何龙？复道行空，不霁何虹”的描述。

1973 年 12 月，马王堆汉墓出土长沙国南部《驻军图》中绘有三角形城堡，内注“箭道”，是该区域各支驻军的指挥中心。“箭道”南侧有线条蜿蜒伸向河边，旁标“复道”（图 1-1-2），可能用于俯视、控制渡口，并与对岸“周都尉军”相呼应②。

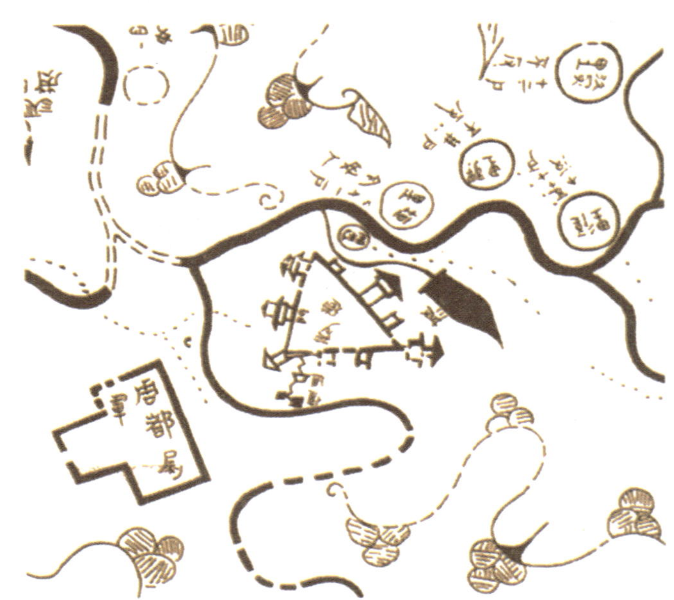

图 1-1-2 《驻军图》所记复道③

① 《史记·秦始皇本纪》，清乾隆武英殿刻本。

② 高至喜先生认为，《驻军图》中的周都尉军可能是吕后派遣攻打南越国的隆虑侯周灶的军队。参见高至喜：《兵器和驻军图》，《湖南日报》，1974 年 11 月 10 日。

③ 王子今：《秦汉交通史稿》，北京：中国人民大学出版社，2013 年，第 48 页。

这处西汉初年建造、位于今永州市江华瑶族自治县码市镇的“复道”，是湘境最早见于记载的廊桥。最早见于史籍的廊桥则是东汉建武二十五年（49）伏波将军马援在桃源架设的利兵桥[①]。

东汉永平六年（63）《开通褒斜道刻石》（收藏于陕西汉中博物馆）记载：“桥阁六百三十二间，大桥五，为道二百五十八里。”所谓桥阁，即栈桥上遮挡雨雪的阁亭。

2003 年 2 月，一座长约 42 米的汉代廊桥现身成都金沙遗址。2009 年 3 月，成都盐市口发掘形制相同的汉代廊桥，长 30 余米。这些出土廊桥，无论规模还是建筑技艺皆达到相当高的水平，也印证了刘敦桢先生的论断：“故疑廊桥之诞生，或在西汉以前，春秋、战国之际。”[②]

《水经注》引用南朝宋时期段国撰《沙洲记》记载说：“吐谷浑于河上作桥，谓之河厉。”[③] 桥上有拱廊，可避风雨，两侧槛栏整齐。这是关于廊桥的早期记述之一。

据《中国古代桥梁》作者唐寰澄先生考证，我国现存最早廊桥是隋代建造的河北井陉桥楼殿（图 1-1-3）——单孔石拱，长 15 米，宽 9 米，架设在对峙的断崖间。

图 1-1-3 桥楼殿（吴卫平 摄）

唐代诗人白居易在《修香山寺记》中，留下了唐代廊桥的珍贵记录：“自寺前亭一所，登寺桥一所，连桥廊七间。”

早期关于廊桥的存世画作，见于南宋赵伯驹《江山秋色图》和李嵩《水殿招凉图》（图 1-1-4）。与战国时期凄美爱情故事“尾生守信，抱柱至死”结局相反，随着桥梁技术发展，宋代画中的恋人可在桥亭约会了。

据相关碑记及清同治《湘乡县志》载，涟源新车桥始建于唐，元代扩建，是湖南省内已知最早的廊桥遗存（图 1-1-5）。

由湘南古塔演变而成的塔桥肇始于宋，上建廊屋以蔽风雨，亦可划归廊桥。在桥梁史上，塔桥为郴州独创，保存至今的清代宜章观音阁桥堪称孤例。

明清道路建设得到空前发展，也是廊桥大量建造、经典定型的辉煌时期。

---

① 蒋响元：《湖南交通文化遗产》，北京：人民交通出版社，2012 年，第 57 页。

② 刘敦桢：《刘敦桢文集》第 3 卷，北京：中国建筑工业出版社，1987 年，第 448-449 页。

③ （北魏）郦道元：《水经注》，明嘉靖十三年刻本。

图 1-1-4 南宋李嵩名画《水殿招凉图》（刘震宇 绘）

图 1-1-5 涟源新车桥（吴世梁 摄 李煌庆 供图）

明成化九年（1473）修缮湘赣交通要冲——始建于宋的醴陵渌江桥："垒石崇址，酾水为六（即分水道为六孔）……架木其上，渍以桐液。重累相接，上施横板，面以方甓（砖），覆以连屋。"[①] 这是省内大型伸臂梁廊桥建设的早期记载。

明万历三十四年（1606）重修渌江桥，采用五层挑梁加斜撑支护，孔跨近 20 米[②]，并"覆屋百

① 唐寰澄：《中国古代桥梁》，北京：中国建筑工业出版社，2011 年，第 93 页。

② 蒋烨：《中国廊桥建筑与文化研究》，长江：中南大学，博士学位论文，2010 年。

间，以利贸易。中竖一楼，以真武之神栖焉”①。

## 二、地域、年代分布

2019年出版的《中国廊桥》认为，古代廊桥遗存1000余座②（另有资料记为3000多座，见图1-2-1）。中国廊桥大体可分浙南—闽北、江南、大武陵、客家、西南、华北六大廊桥带，分布于20余个省级行政区。其中湘江、资水、沅江、澧水及北江、西江、乌江、清江、汉江中上游流域在内的大武陵廊桥带，是中国廊桥最密集的区域之一。

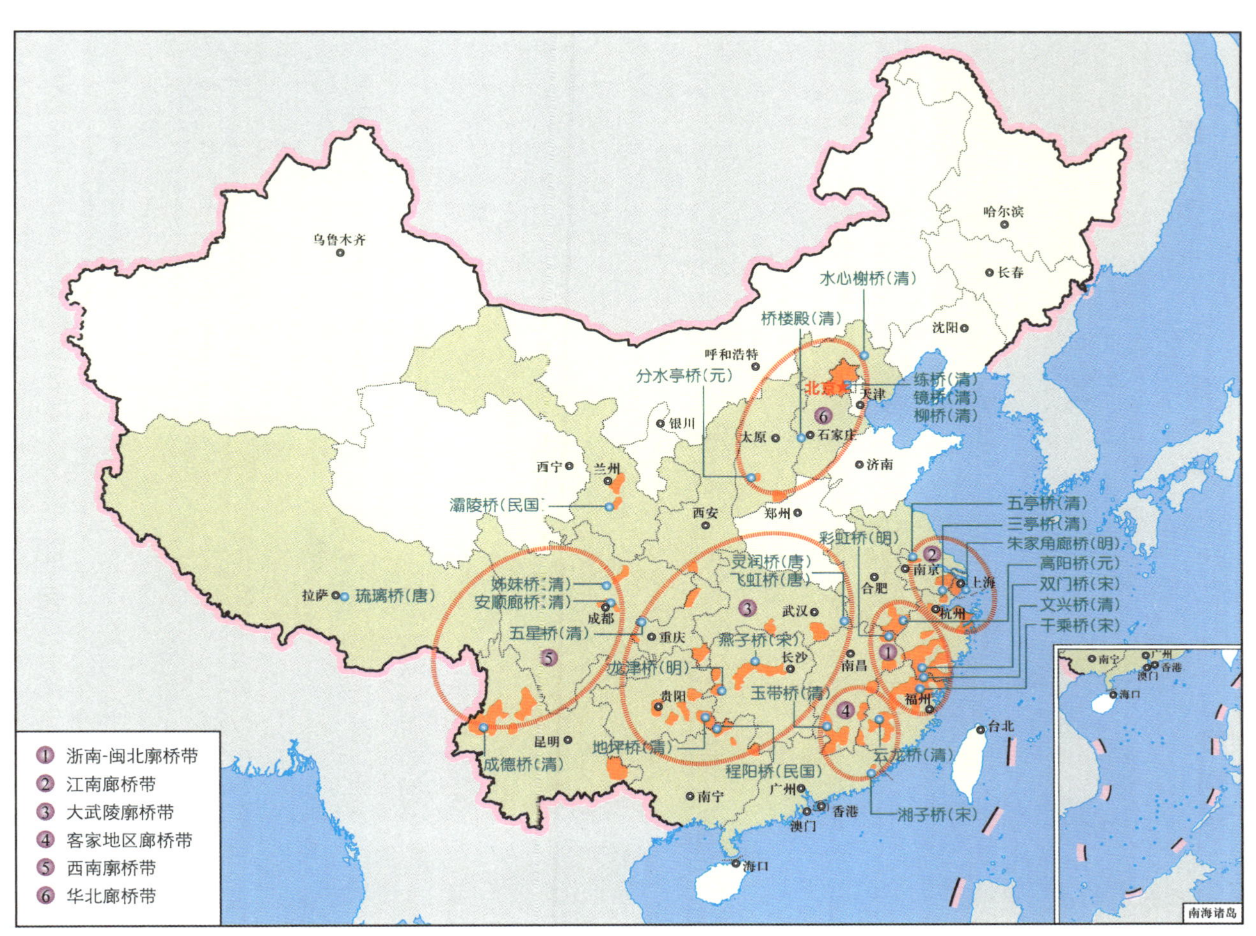


图1-2-1　中国廊桥分布图③

湖南交通文化遗产普查及补录材料统计，省内始建于中华人民共和国成立以前的廊桥遗存368座，分布在除岳阳、湘潭外12个市州的58个县市（区），以邵阳（90座）、怀化（68座）居多，县市（区）则以新化（51座）、安化（34座）为最。这其中包括湘江65座、资水156座、沅江115座、澧水19座，另有数座散落北江（7座）、桂江（5座）、赣江（1座）流域（图1-2-2）。

跨水系廊桥最多的是汝城，3座廊桥分布湘江、赣江、北江。此外，江永8座廊桥分布湘、桂水系，邵东3座廊桥分布湘、资水系，跨资、沅水系分布廊桥的有绥宁、城步、洞口、溆浦、洪江等。湖南古代廊桥分布情况见表1-2-1。

① 唐寰澄：《中国古代桥梁》，北京：中国建筑工业出版社，2011年，第73页。

② 中国公路学会：《中国廊桥》，北京：人民交通出版社股份有限公司，2019年，第9页。

③ 鲁晓敏：《中国廊桥—跨越两千年的交通图腾》，《中国国家地理》2012年第5期。

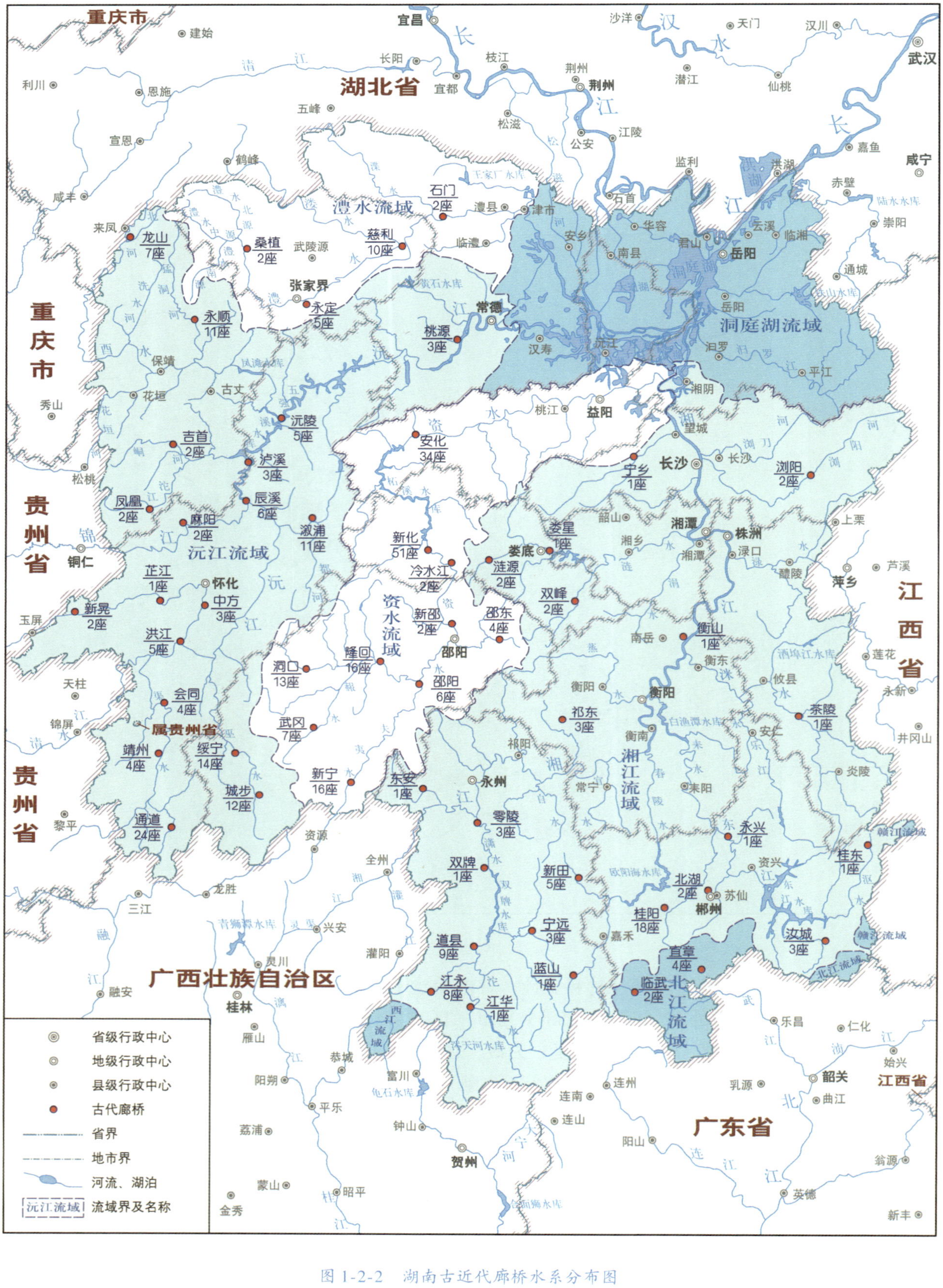

图 1-2-2　湖南古近代廊桥水系分布图

湖南古代廊桥分布表

表 1-2-1

| 市（州） | 县（区、市） | 数量（座） | 所属水系 | 合　计 |
|---|---|---|---|---|
| 长沙 | 宁乡 | 1 | 沩水 | 3 |
| | 浏阳 | 2 | 捞刀河 | |
| 株洲 | 茶陵 | 1 | 洣水 | 1 |
| 娄底 | 双峰 | 2 | 涟水 | 58 |
| | 涟源 | 2 | 涟水 | |
| | 娄星[①] | 1 | 涟水 | |
| | 新化 | 51 | 资水 | |
| | 冷水江 | 2 | 资水 | |
| 衡阳 | 衡山 | 1 | 湘江 | 4 |
| | 祁东 | 3 | 湘江 | |
| 永州 | 零陵 | 3 | 湘江 | 32 |
| | 东安 | 1 | 湘江 | |
| | 双牌 | 1 | 潇水 | |
| | 宁远 | 3 | 潇水 | |
| | 道县 | 9 | 潇水 | |
| | 江华 | 1 | 潇水 | |
| | 江永 | 8 | 潇水、桂江 | |
| | 蓝山 | 1 | 舂陵水 | |
| | 新田 | 5 | 舂陵水 | |
| 郴州 | 北湖 | 2 | 耒水 | 31 |
| | 永兴 | 1 | 耒水 | |
| | 桂东 | 1 | 耒水 | |
| | 桂阳 | 18 | 舂陵水 | |
| | 汝城 | 3 | 耒水、赣江、北江 | |
| | 临武 | 2 | 武水 | |
| | 宜章 | 4 | 武水 | |
| 益阳 | 安化 | 34 | 资水 | 34 |
| 邵阳 | 新邵 | 2 | 资水 | 90 |
| | 邵东 | 4 | 邵水、蒸水 | |
| | 邵阳 | 6 | 夫夷水、资水 | |
| | 新宁 | 16 | 夫夷水 | |
| | 隆回 | 16 | 辰水、资江 | |
| | 武冈 | 7 | 资江 | |
| | 洞口 | 13 | 资江、沅江（1） | |
| | 城步 | 12 | 资江（2）、沅江（10） | |
| | 绥宁 | 14 | 资江（3）、沅江（11） | |
| 常德 | 桃源 | 3 | 沅江 | 5 |
| | 石门 | 2 | 澧水 | |

① 涟源水洞底镇 2017 年 2 月划归娄星区。

续上表

| 市（州） | 县（区、市） | 数量（座） | 所属水系 | 合　计 |
|---|---|---|---|---|
| 怀化 | 沅陵 | 5 | 酉水、珠江溪 | 68 |
| | 溆浦 | 11 | 溆水（9）资江（2） | |
| | 芷江 | 1 | 潕水 | |
| | 鹤城 | 1 | 潕水 | |
| | 新晃 | 2 | 潕水 | |
| | 中方 | 3 | 潕水、沅江 | |
| | 洪江 | 5 | 沅江、资江 | |
| | 会同 | 4 | 巫水、渠水 | |
| | 靖州 | 4 | 渠水 | |
| | 通道 | 24 | 渠水 | |
| | 麻阳 | 2 | 辰水 | |
| | 辰溪 | 5 | 沅水 | |
| 湘西 | 泸溪 | 3 | 武水、沅江 | 25 |
| | 吉首 | 2 | 武水 | |
| | 凤凰 | 2 | 沱江、辰水 | |
| | 永顺 | 11 | 猛洞河 | |
| | 龙山 | 7 | 洗车河、酉水 | |
| 张家界 | 永定 | 5 | 澧水 | 17 |
| | 慈利 | 10 | 澧水 | |
| | 桑植 | 2 | 澧水 | |
| 合计 | | | | 368 |

根据碑刻、梁书及其他相关文献记录，始建于清代以前的廊桥共65座（唐五代2座、两宋6座、元5座，明52座），清代208座，中华民国时期51座，年代不详44座。

这些古代廊桥，大多分布于湘南、湘中、湘西的盐铁古道、茶盐古道、茶马古道、烟银特道、官马大道及其支线道路上，多位于村口、山口、水口。其中，盐铁古道上的桂阳聚仙桥，始建于南宋嘉泰元年（1201），是省内有确切纪年、最早建造的廊桥；湘黔官道上的芷江龙津桥作为世界上最长的古廊桥，2000年正式入选吉尼斯世界纪录。

## 三、构造特征

作为民俗文化载体，湖南古代廊桥既保留了作为风雨桥的共性，又在造型艺术方面显示出其地域和民族特性。

廊桥种类繁多，风格各异，但桥面以下不外乎石墩木梁、石拱、木拱三种基本构造，另有石柱、木柱或斜撑支护散见于各地。

石柱木梁见于新化辽远桥和广西龙胜接龙桥（图1-3-1），木柱木梁见于安化适中桥，石柱石梁见于江永兴隆桥，石墩石梁见于宁乡惠同桥和绥宁会龙桥，石墩石木混合梁见于溆浦小黄桥，类木拱和伸臂梁组合结构则见于通道廻龙桥。

石梁跨径较小，如宁乡惠同桥孔跨5.8米。石拱廊桥单孔、多孔皆有遗存，大者如凤凰虹桥，三孔跨径达73米①。

唐寰澄先生认为，“撑架桥是木拱与木桁架之源。”② 为提高跨越能力、降低梁体挠度，部分木梁

① 宋才发：《中华民族文化遗产及赏鉴研究》（上卷），北京：民族出版社，2011年，第335页。
② 唐寰澄：《中国木拱桥》，北京：中国建筑工业出版社，2010年，第3页。

廊桥设置斜撑或八字撑（图 1-3-2）。省内有安化十义桥、红岩塘桥、漾佳桥、晓溪桥及龙山头车凉亭桥、泸溪茅茂田桥、桑植仓关峪桥、慈利蛮子坪桥等，溆浦锡泥桥采用木桁架梁，为省内独创。

图 1-3-1　广西龙胜接龙桥，石柱木梁，上建五亭，造型轻盈（全凯 摄）

图 1-3-2　木撑架桥（悠闲 摄）

近些年来，为使桥体坚固耐久，部分廊桥维修时改建混凝土梁，如宁远南门桥、邵阳源头桥、芷江龙津桥等。

**墩台** 多青石砌筑，分水尖构造。其中，东安广利桥遵循“金鸡脚、豆腐腰”造桥古训，拱脚迎水做成尖钩状，桥面过道填以黄土。这种工艺，有减缓洪水冲击、减轻桥身荷载的作用。

**伸臂梁** 受限于材质，木平梁孔跨最大10米左右，伸臂梁可增至约20米，故木梁廊桥多为伸臂体系。枕木沿竖向由下往上逐层向外延展，错层排列，宛如伸臂，一般有三四层，安化永锡桥达到六层。

单孔廊桥采用单向伸臂梁体系，支撑主梁形成桥梁。当桥梁跨越较宽溪沟时，受限于木材力学性能和天然长度，须在河中设墩，上承双向伸臂体系。伸臂式木梁桥类型如图1-3-3所示。

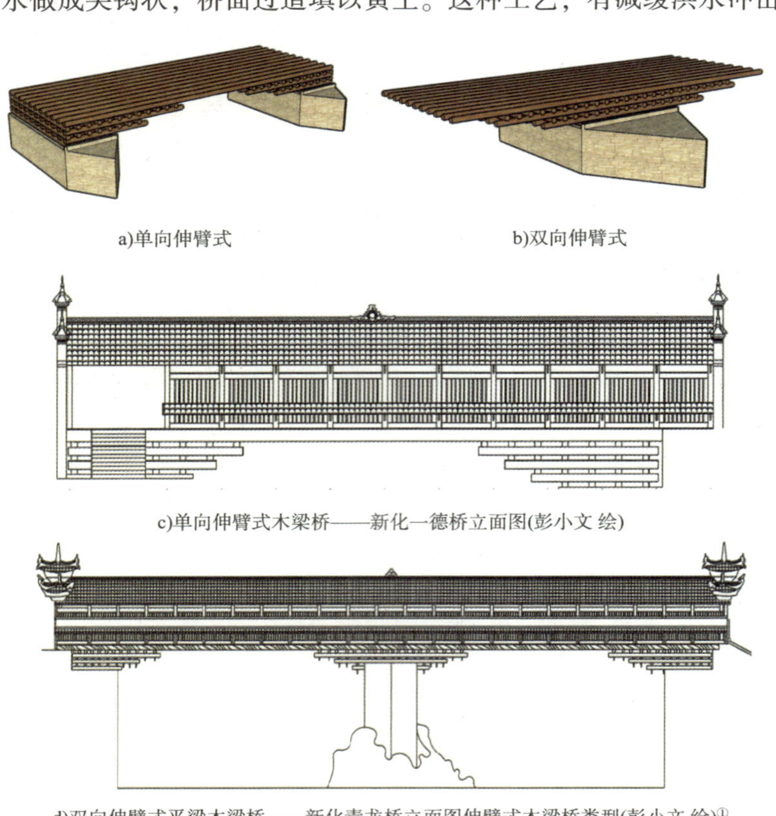
a)单向伸臂式　b)双向伸臂式

c)单向伸臂式木梁桥——新化一德桥立面图(彭小文 绘)

d)双向伸臂式平梁木梁桥——新化青龙桥立面图伸臂式木梁桥类型(彭小文 绘)①

图1-3-3　伸臂式木梁桥类型

**木拱** 木拱桥又称虹桥，创于北宋，因《清明上河图》而闻名。20世纪80年代，茅以升先生主编《中国古桥技术史》时，考察确认：“北宋一见的无脚虹桥——木栱，在浙省西南，尚存遗制。”② 这类桥后在闽北山区亦有发现。福建寿宁鸾峰桥（清嘉庆五年造，即1800年）拱跨37.6米，超过赵州桥0.6米（图1-3-4）。2009年10月，“中国木拱桥传统营造技艺（Traditional design and practices for building Chinese wooden archbridges）”被正式列入联合国教科文组织《急需保护的非物质文化遗产名录》。

2010年，笔者主持湖南古代廊桥专题调查时发现，通道侗寨尚存2座叠梁拱。桥墩两端悬臂逐层斜升，直到上部平梁净跨降至10米以内，形成类木拱构造，从而获得较高梁面和较大跨径，有利于通航（图1-3-5）。其中，普济桥（图1-3-6）孔跨19.8米，廻龙桥跨19.4米，建造工艺堪称“古老造桥术尾闾，国内桥梁建造史上最后的、罕见的一批活化石”③。

2021年，澧县甘溪滩镇溪上美术馆（又称雷家大院）聘请江西工匠鄢高伟、朱龙华设计，建造了2座木拱廊桥，填补了省内空白。其中1座跨径5.1米，宽3米，是目前中国最小的楼阁式木拱廊桥（图1-3-7、图1-3-8）④。

① 摘自彭小文：《新化风雨桥建筑现状调研及保护研究》，长沙：长沙理工大学，硕士学位论文，2015年。
② 茅以升：《〈浙江民间桥梁〉序言》，《2009年中国古桥学术研讨会论文集》（福州），内部资料，2009年。
③ 蒋响元：《湖南古代交通遗存》，长沙：湖南美术出版社，2013年，第131页。
④ 在此之前，国内最小的木拱廊桥位于浙江省泰顺县南溪村，跨径5.9米，宽3.2米。

图 1-3-4　福建寿宁鸾峰桥（王洋 摄）

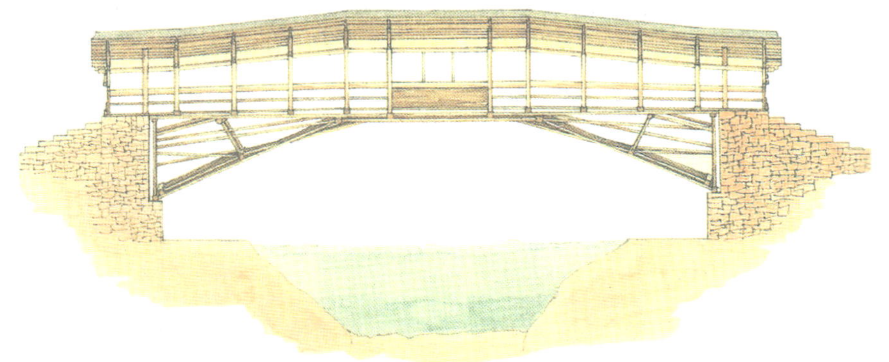

图 1-3-5　木拱廊桥透视图①

图 1-3-6　普济桥（尹序平 摄）

① 王其钧：《中国建筑史》，北京：中国电力出版社，2012 年，第 156 页。

图 1-3-7　溪上弧形花桥（雷亮 摄 秦香 供图）

图 1-3-8　溪上花式小廊桥（雷亮 摄 秦香 供图）

**桥廊**　为抬梁或穿斗式木构，以间（或空）为单位，由多间组成；中间为过道，两侧或设坐凳供人歇息，或做商铺用于交易；部分桥廊栏外挑檐，既增强美感，又能保护桥面和托架。

**屋顶**　主要有庑殿顶、歇山顶、悬山顶和硬山顶四种基本形式（图 1-3-9）。根据屋檐层数分单檐和重檐，层数越多等级越高，由高至低依次为：重檐庑殿顶、重檐歇山顶以及单檐庑殿顶、歇山顶、悬山顶和硬山顶。

a)庑殿顶

b)歇山顶

c)悬山顶

d)硬山顶

图 1-3-9 中国传统建筑屋顶形式

图 1-3-10 梅山峒神张五郎雕像（李慧君 摄）

梅山（今安化、新化、冷水江、涟源、隆回、溆浦境）位处雪峰山中段，山高林密，地势险峻，很长一段历史时期“不与中国[①]通”。直至北宋熙宁五年（1072）“梅山蛮”正式归附，朝廷在当地置“新化”“安化”二县。

这片相对封闭的地域，孕育了融巫、傩于一体，杂苗、瑶元素的梅山文化。梅山峒神张五郎（图 1-3-10）集合苗瑶始祖蚩尤与盘瓠部分特征，是当地特有的“倒立神”[②]。

资水廊桥作为文化符号，深受梅山风情影响。多座桥屋采用民间罕见、等级最高的庑殿顶。如安化思贤桥，重檐庑殿顶夸张的反翘弧度，迎合了梅山人不趋附权势的独立精神；又如新化青龙桥，两端庑殿顶檐牙高啄，不畏禁忌。此外，安化永锡桥、燕子桥及新化杨公桥、龙潭桥等亦为庑殿顶。

调查显示，庑殿顶、歇山顶、悬山顶和硬山顶等传统屋顶形式，皆可见于湖南古代廊桥，参见图 1-3-11。

① 此“中国”与现在的概念不同，当指中原地区。

② 左汉中：《湖湘图腾与图符》，长沙：湖南美术出版社，2012 年，第 59 页。

a)重檐庑殿顶石拱廊桥

b)重檐庑殿顶单跨木梁廊桥

c)重檐庑殿顶多跨木梁廊桥

d)重檐庑殿顶木柱木梁廊桥

e)重檐歇山顶多跨木梁廊桥

f)重檐悬山顶八字撑木梁廊桥

g)重檐硬山顶木梁廊桥(新化一德桥)

图 1-3-11　湖南古代廊桥屋顶形式①

① a)、b)、c)、d)、e)、f) 图出鲁晓敏:《安化廊桥》,《中国国家地理》,2015 年第 6 期,付大伟、刘璠绘图。

## 四、装饰艺术

随着岁月流逝，廊桥由单纯交通建筑演变为包罗万象的文化长廊，并以其独特的装饰艺术和表现手法，成为中国传统建筑技艺集大成者。

廊桥装饰主要表现在桥墩、桥头、桥廊及屋脊、梁柱、神龛等处，装饰语言包括雕塑、彩绘、书法、石刻等。

**雕塑**　廊桥雕塑内容丰富，有狮子、麒麟、蜈蚣、乌龟、龙、凤、羊、鹿等驱邪神兽和祥瑞动物，也有花草、八卦、祥云、葫芦、宝珠等寓意美满的题材，从而达到以形写神、气韵生动的境界。

雕塑是廊桥常见的装饰语言，按材质分石雕、木雕、灰塑及泥塑，按方法分圆雕和浮雕。

圆雕属于三维立体雕塑，可以多方位、多角度欣赏，主要用于桥头、瓜柱、雀替等处。安化永锡桥门楼狮子圆雕，庄重威严（图 1-4-1）；安化燕子桥牌匾两侧盘龙柱，吉祥尊贵，表现了人们对于美好生活的向往（图 1-4-2）。

图 1-4-1　永锡桥头木雕狮子

图 1-4-2　燕子桥头盘龙柱

浮雕是将压缩手法用于平面上，雕刻出栩栩如生的形象，在桥墩迎水面、石阶、抱鼓石及梁柱等处广泛使用。如宁乡惠同桥及安化马渡桥（图 1-4-3）、思贤桥、镇东桥、苦竹溪桥蜈蚣(图 1-4-4)，安化永锡桥阴阳鱼（图 1-4-5），新宁龙潭桥龟、蛇浮雕等。

图 1-4-3　安化马渡桥桥墩迎水面的蜈蚣浮雕和燕尾铁榫

图 1-4-4　安化苦竹溪桥桥墩迎水面的浮雕蜈蚣

图 1-4-5　安化永锡桥石阶两侧的阴阳鱼

又如安化仙牛石桥的分水尖羊、芝石雕(图 1-4-6)，造型古朴，技法娴熟；安化十义桥柱础上的“鹿衔灵芝”（图 1-4-7)，雕刻精美，神态自如；安化复古桥山墙上的灰塑三羊（图 1-4-8)，活灵活现，寓意吉祥①。

---

① 陈书芳、龙彦静、姚志凌：《湘中梅山地区风雨桥的建筑装饰艺术与文化意蕴探析》，《中外建筑》，2016 年第 9 期。

图 1-4-6　安化仙牛石桥的羊、芝石雕

图 1-4-7　安化十义桥的“鹿衔灵芝”石雕

图 1-4-8　安化复古桥山墙上的灰塑三羊（陈书芳 摄）

侗族崇拜萨玛，认为世间存在生死轮回，风雨桥上有很多灵魂，为防止其随意投胎转世，遂制作龙形饰件于桥上，以镇阴魂，守护村寨安宁。如通道普修桥，桥顶四龙护宝，翼角弯月起翘，脊塑凤、鸟、卷草，华丽多姿（图 1-4-9）。

图 1-4-9　通道普修桥脊装饰（肖克 摄）

又如通道廻龙桥龙雕，依附柱上龙头与月梁形挑肩随梁，构成龙头、龙身和龙尾造型（图 1-4-10），脊瓜柱侧面雕成波浪形，似龙蛇涌动①。

图 1-4-10　通道廻龙桥柱上龙头雕（吴大泽 摄）

**彩绘**　又称丹青，题材有人物、动物、植物、图腾以及民间故事、神话传说等，细微处着笔，或简洁大方，或形象生动，主要绘于墙壁、梁枋、立柱、雀替、栏杆、壁板、藻井等处。如宁远回龙桥墙壁上的彩绘人物，鲜活生动（图 1-14-11）；安化卧龙桥屋梁，以八卦为中心，花纹自然展开(图 1-4-12)；燕子桥藻井彩绘二龙戏珠，象征幸福、祥瑞(图 1-4-13)；通道桂花桥彩绘八仙过海，对称排列（图 1-4-14）；绥宁文江桥梁顶彩绘双龙抢宝、龙凤呈祥、云彩太极等图（图 1-4-15）。

① 蒋卫平：《湘西通道县侗族廻龙风雨桥的装饰艺术与文化特征》，《民族艺术研究》，2012 年第 4 期。

图 1-4-11 宁远回龙桥墙壁彩绘人物

图 1-4-12 安化卧龙桥屋梁彩绘

图 1-4-13 安化燕子桥藻井彩绘

图 1-4-14　通道桂花风雨桥顶板彩绘

图 1-4-15　绥宁文江桥梁顶彩绘

**书法、碑刻**　文字是中国建筑特有装饰符号。无论牌匾、楹联书法，还是桥碑石刻，无不体现文化底蕴和民俗风情。如洞口水东桥“中流砥柱”匾额，桂阳福寿桥“停车通梓里，骑杖话桑田”石刻，宁乡惠同桥门联“一般春梦无痕，名利走红尘，劝过客喝些茶去；今日海疆多故，神仙到黄石，看传书谁上圯来”等，无不笔力遒劲，内涵丰富，浸润着浓郁的人文气息。

图　1-4-16

安化永锡桥楹联“情弥古道循茶马，梦伴伊人上鹊桥”，凸显了该桥在茶马古道上的重要地位。碑亭立有 58 块石碑，

图 1-4-16 安化永锡桥的楹联和碑刻

镌刻了修桥原因、经过及主修、捐赠者姓名和捐款额。其中一块碑刻着 43 家茶行字号，折射了安化茶商云集的繁荣景象(图 1-4-16)。

**屋脊** 传统庑殿顶建筑中，有 1 条正脊和 4 条垂脊，正脊每端设 1 只螭吻，每条垂脊排列 5 只蹲兽，统称“五脊六兽”，具有祈求吉祥、美化装饰的意蕴。六兽之前，有一“骑凤仙人”立于脊端，用来引路，寓意“骑凤飞行，逢凶化吉”(图 1-4-17)。

正脊上的螭吻也叫鸱吻、吞兽，龙头鱼身，常作吞脊状，立于屋脊之上；垂脊上的 5 个蹲兽分别是狻猊、斗牛、獬豸、凤和狎鱼(图 1-4-18)。

图 1-4-17 传统古建上的“六兽”和“骑凤仙人”

狻猊

斗牛

獬豸

凤

狎鱼

图 1-4-18 传统古建垂脊上的蹲兽示意图

廊桥屋脊神兽不完全照搬传统建筑，多用龙、凤、神像、麒麟、宝葫芦等吉祥物镇脊，以图祈福避祸，如图 1-4-19、图 1-4-20 所示。

图 1-4-19　邵阳源头桥屋脊泥塑的二龙戏珠及灵猴、鳌鱼、麒麟雕像

图 1-4-20　东安广利桥垂脊人物神兽雕像

## 五、民俗文化

廊桥数千年建筑发展史，蕴含着丰富的文化内涵。

**自然融合**　廊桥是桥梁功能日趋多元化的产物。随着我国古代经济社会的发展，儒释道等思潮的传播，以及民间信仰的兴起，廊桥不再仅仅是一种用来跨越障碍的精美建筑物，更是与自然环境实现了高度交融，逐步成为乡村民众重要的心灵休憩空间之一，体现了华夏先民们崇尚天道与人道整合的朴素自然观，以及避凶趋吉的环境意识。

分布于我国青山绿水之间、神韵各异的廊桥，或建在山坳上，或建在水上，或建于村前村后，重视自然、顺应自然，形成了独特的自然与人文交融的文化景观，寄托着民众期盼与自然和睦协调、维系良好的生存空间和不断提高生产质量的美好愿景。①

此外，廊桥建在村头水口，除交通便利外，还能满足人们祈求平安的精神追求。

如果村寨修建 2 座廊桥，一般是村头村尾各建一座，如新化正龙双桥、通道芋头双桥、桂阳停欧三桥、江永勾蓝三桥等，以求平衡与和谐。有的村寨在干谷或平地架桥，如通道兵书阁和文星桥（图 1-5-1）。

① 张祝平：《廊桥的“神化”与“去神化”》，《广西大学学报（哲学社会科学版）》，2012 年第 2 期。

图 1-5-1　兵书阁与文星桥（林安权 摄）

**桥庙合一**　这是廊桥区别于其他桥梁的重要特征。国内现存最早几座廊桥就在河北、湖北等地的寺庙里。桥廊神龛奉特定神祇、历史人物或神话传说中的英雄，供香客敬祀祈福。廊桥也因此被赋予宗教与民俗含义。

廊桥跨山川溪流，扼水口要冲。神龛一般设于桥廊中部，背水一侧，有镇压洪峰、护卫桥梁的寓意。部分附设的土地庙则置于桥头路边，如通道普济桥、隆回关王桥（图 1-5-2）等。

图 1-5-2　隆回关王桥旁的土地庙

新宁大兴桥建有祭祀关公和土地的神龛，郴州三合桥、宜章观音阁桥供奉观音。

湖湘桥庙多供奉杨泗将军，如洞口水东桥（图 1-5-3）、安化思贤桥（图 1-5-4）、溆浦万寿桥等。

图 1-5-3　洞口水东桥神龛杨泗将军斩龙雕像

图 1-5-4　安化思贤桥神龛杨泗将军雕像

沅江中上游苗、瑶、侗族聚居区，如辰溪双溪桥供奉土著水神杨公（杨漱），绥宁西河桥供奉关帝、杨公和土地（图 1-5-5）；通道普修桥设 3 个神龛——居中为关帝庙，左边为侗族先祖姜良、姜妹神祠，右边为文昌阁（图 1-5-6）。

图 1-5-5　绥宁西河桥神龛供奉的关帝、杨公和土地菩萨

图 1-5-6　通道普修桥神龛自左至右分别为始祖祠、关帝殿、文昌阁

图 1-5-7 新化龙潭桥供奉的关帝（上）和孟公（下）

沅资上游、八十里大南山地区供奉唐末“飞山蛮”首领杨再思，如城步飞山桥供奉关帝、关平、周仓和杨再思。

资水中游新化龙潭桥神龛供奉关帝和孟公（图 1-5-7）。传说，孟公是烧炭业祖师，去世后便被供奉在路口凉亭中。孟公崇拜遍及湘资，新化有孟公镇，隆回有孟公村，冷水滩有孟公山。

澧水下游慈利箐石溪桥供奉三官菩萨，耒水上游桂阳乐善桥供奉桥王菩萨，夫夷水上游新宁龙潭桥供奉龙王菩萨，皆为省内独有。

此外，湖南省博物馆还收藏了上元一品赐福天官木雕和杨泗将军木雕（图 1-5-8）

**祭桥习俗** 古人相信万物有灵，生命轮回。廊桥修造有“上梁”典礼，建成有“踩桥”仪式，逢年过节有“祭桥”活动，沅水中上游还有“二月二”祭桥节。这些礼仪反映了尊重自然的传统精神追求和民俗文化特征。

图 1-5-8 上元一品赐福天官木雕和杨泗将军木雕（湖南省博物馆藏 李慧君 供图）

湘西南少数民族地区，踩桥风俗犹存。花桥在建时，闲杂人等尤其外村人士不得上桥（图 1-5-9）。竣工择定吉日良辰后，桥会以请帖或喜报形式告知四村八邻，注明某日吉时踩桥，邀请众乡亲参加。

图 1-5-9　2018 年 10 月，永顺高坪建设中的凉亭桥（胡晓平 摄）

踩桥之前要举行拜桥祈福仪式。礼仪完毕，爆竹声中，踩桥正式开始。先请一位桥会特选、德高望重的长者"踩头桥"。踩桥人（多为主墨师傅）一边在桥上行走，一边颂唱《踩桥歌》，后面身着民族盛装的乡亲列队跟进（图 1-5-10）。踩桥仪式结束后，新桥即可正式启用。

图 1-5-10　2017 年 11 月，通道坪坦某侗寨踩桥仪式（杨理辉 摄）

**绥宁《踩桥歌》**[①]

日吉时良，天地开场。
选择良辰吉日，众信操心造新桥。
天上星君甲戊庚，地下星君乙丙丁。
吾乃本是三级贵，寅时起马卯时登。

① 《竹舟江苗族乡志》编纂委员会：《竹舟江苗族乡志》，《竹舟江苗族乡志》编纂委员会，2015 年。

又不早，又不迟，正是善众操心忏桥时。

停了车，下了马，细将新桥看一下。

桥亭桥亭，本是鲁班仙人来造成。

桥柱漆得明又亮，桥内装修色色新。

前头山水好，后龙来得真。

前通△△△（地名，下同），后达△△△，左抵△△△，右连△△△。

前面朱雀山势好，后面玄武来得真。

青龙白虎都相顾，堪为要道一桥亭。

塔亭高耸像芙蓉，八角亭内凤毛生。

排排亭柱如盘石，桥头桥尾土地神。

今日操心把桥忏，四围上下得安宁。

要我愚人把桥踩，在场各位放宽心。

我是愚人才学浅，诸位原谅我愚人。

桥头修起五磩阶，步步高升出英才。

五色祥云共结彩，五星高照新桥台。

上一步一举成名，一品当朝。

上两步双凤朝阳，双福双寿。

上三步三阳开泰，三多吉庆。

上四步四门挂榜，四海扬名。

上五步五谷丰登，五子登科。

上六步六畜兴旺，六通四辟。

上七步七步成诗，七姐下凡。

上八步八仙过海，八面威风。

上九步久久长寿，久久升发。

上十步十全十美，十风五雨。

踩桥头，文登诸葛武登侯。

踩桥中，善众儿孙坐朝中。

踩桥尾，善众代代出富贵。

吾在桥中打转身，善众儿孙坐北京。

从此地方人才辈出，地境安宁。

老者坐千岁，少者发万春。

青壮得富贵，钱财万万捆。

家家金满斗，户户乐升平。

万事如意，心想事成。

千秋伟业，万古留名。

## 六、侗族风雨桥

侗族聚居于湖南、贵州、广西三省（区）交界地区，位于秦征百越所经“镡城之岭”① 南北，宋代开辟的“诚融通道”② 沿线。湖南侗族主要分布于渠水、㵲水流域的通道、靖州、会同、新晃和芷江等地。

在自然环境、历史文化、民族风俗等因素的影响下，侗族创造了独具一格的鼓楼、凉亭、风雨桥，被誉为“建筑三宝”（图 1-6-1）。其中，芷江龙津桥、通道迴龙桥、普修桥和广西三江程阳桥（图 1-6-2）、贵州黎平地坪桥等，均是侗族风雨桥杰作。2006 年，以鼓楼、风雨桥为代表的侗族木构营造技艺入选首批国家级非物质文化遗产名录。

图 1-6-1　通道坪坦侗寨建筑三宝之鼓楼、风雨桥（王启友 摄）

侗族风雨桥以其能避风雨并饰有彩绘、雕刻各类图案而闻名，又称福桥或花桥，是侗寨常见公共建筑。为适应更大跨度，这类桥除采用悬臂体系外，有的还通过木枋垫起和石块镇压，形成类木拱斜向悬挑结构，如通道普济桥、迴龙桥（图 1-6-3）。

桥廊上建鼓楼式桥亭③。楼亭设在桥墩处，以加大悬臂压重，增加桥梁稳定性。廊亭榫卯嵌合，纵横交错；亭檐飞角起翘，脊上有花鸟、走兽雕饰（图 1-6-4）；正脊多塑双龙抢宝（图 1-6-5），攒尖顶置复钵、葫芦、铜鸟或白鹤；桥檐板塑神话故事、民间传说及花草、几何图案，极其壮丽。

---

① 西江支流融江和沅江支流渠水的分水岭，位处八十里大南山西麓。

② 宋代用于治理当地少数民族的峒区道路，位于今湖南靖州至广西融水间，是北联重湖、南接两广的湘桂西部干道。

③ 桥面上有亭阁建筑的是亭阁式花桥，在侗族地区很常见。桥梁架设在较宽的河面上，往往在桥上加盖 3～5 层鼓楼式建筑。这便是壮观的鼓楼式花桥，如通道普修桥。

图 1-6-2 广西三江程阳风雨桥（杨慧菊 供图）

图 1-6-3 通道回龙桥（粟远和 摄）

图 1-6-4　通道普修桥垂脊翘角处泥塑鳌鱼（吴大泽 摄）

图 1-6-5　通道普修桥屋脊泥塑双龙抢宝（吴大泽 摄）

通道古为“南楚极地”“百越襟喉”，南部侗寨群有“百里侗文化长廊”之称。代表性花桥有坪坦河上的迴龙桥、普济桥、文星桥、永定桥、迴福桥、永福桥、中步二桥、中步头桥、观月桥等全国重点文物保护单位。这些清代修建的侗族风雨桥，设计精巧，造型优美，特征鲜明，可谓“榫卯抵承梁柱体系之大观”①，具有较高的建筑艺术价值。

## 七、历史见证

**文明化石**　廊桥记载了先民适应自然、改造环境的艰辛与智慧，凝聚了深厚的历史文化底蕴，是桥梁工程史上的辉煌篇章，也是人类文明活化石。

巫傩史研究显示，傩文化就是鸾凤文化，源自洪江高庙文化（距今约 7800 年）的凤鸟形象。沅水中上游苗侗风雨桥上的鸟兽徽记，印证了史前文明的“象耕鸟耘”传说（图 1-7-1）。

唐末五代以来，梅山马帮将“辟在山间”的茶叶运销各地，“于中原卖茶之利，岁百万计”②。明人汤显祖《茶马》诗“黑茶一何美？羌马一何殊？”，描绘了黑茶在西北牧区的受欢迎程度。今日资水中上游遗存的茶马古道及其桥亭，源于五代十国时期马楚政权治下勃兴的茶叶贸易③。

安化永锡桥与茶马贸易有着深厚渊源。最初茶商马帮须乘船过河，春夏水涨只能绕路远行。清光绪二年（1876），茶商联合本地乡绅捐资修桥，历经六年落成。桥会在桥头设茶亭，供客商行旅休憩，永锡桥成为这段历史的鲜活物证（图 1-7-2）。

芷江龙津桥是明清北京至昆明官道的要隘（图 1-7-3）。徐霞客西游、缅人贡象、吴三桂叛清、

图 1-7-1　绥宁会龙桥和朝仪桥亭塔鸟兽（杨焕礼 摄）

① 杨永和、黄晓平：《民间绝技 侗族瑰宝》，桂林：广西民族出版社，2012 年，第 19 页。

② 《旧五代史 · 马殷传》，百衲本影印吴兴刘氏嘉业堂刻本。

③ 蒋响元：《筚路蓝缕 以启山林——湖南古代交通史（史前至清末）》，北京：人民交通出版社股份有限公司，2020 年，第 285 页。

康熙平西南及鸦片入湘、黔铅输京等，无不经由该桥。修筑湘黔公路时该桥改行汽车，抗战期间成为西南后方和中南前线的生命通道，扛住了日军飞机多次轮番轰炸，保障了军运通畅，被誉称“天下第一功勋桥”。

图 1-7-2　茶马古道上的安化永锡桥（彭宏伟 摄）

**文化载体**　桥亭位处交通要道，人流量大，辐射面广，影响深远，楹联、匾额、碑刻记录了捐建人对于道德教化和社会发展的期待。如桂阳福寿桥匾书“乐善不倦”“孝思不匮”，新化横板桥碑刻“从来规约不监则弊灾多生，贼盗不除则良善难靖”等，无不寄托了人们的美好愿望。

图 1-7-3　湘黔官道上的芷江龙津桥（晏才光 摄）

新化龙潭桥上的光绪戊戌年（1898）禁碑刻有“奉宪禁溺子女，又禁包足”，折射出百日维新的社会影响远及湘中腹地，体现了“敢为天下先”的湖湘精神（图 1-7-4）。

图 1-7-4 新化龙潭桥（方建宏 摄）

1943 年重修会同玉龙桥，梁上写有四幅抗战标语，分别为“抗战必胜，建国必成”“国家至上，民族至上”“军事第一，胜利第一”“统一意志，集中力量”，留存至今，富有历史意义。

**村以桥名** 村寨因桥兴盛，桥是鲜活见证。省境内以现存古廊桥命名的行政村计有 22 个。

湘江流域：零陵郑家桥、新田刘家桥、双峰高桥；

资水流域：邵东洪桥、隆回马家桥、隆回石杨桥、隆回湖桥、洞口花桥、武冈高桥、城步花桥、邵阳六里桥、新邵罗家桥、新化大桥、新化白马桥、新化黄泥桥；

沅江流域：辰溪板桥、龙山新桥、桃源真龙桥、桃源殷家桥；

澧水流域：永定老桥、石门白云桥、慈利国太桥。

**红军桥** 部分廊桥见证了波澜壮阔的长征壮举和可歌可泣的红军故事。这些廊桥，或曾留下红军足迹，或为红军宿营处，或是红军战斗场所，或有红军张贴的标语口号。当地为缅怀先烈，继承和发扬长征精神，将其改名或别称为红军桥。省内计有汝城泉水红军桥、汝城热水红军桥、道县午田桥、城步茅坪湖风雨桥、城步莲花桥、新宁承天桥、新宁水庙新桥、绥宁定远桥、绥宁杨家桥、洞口石江红军桥、洞口花园红军桥、洞口水东桥、武冈木瓜桥、安化镇东桥、新化崇山湾桥、沅陵桥梓坪风雨桥、会同黄土桥、靖州平茶红军桥、通道黄柏红军桥、通道兴隆桥、通道总关桥、张家界郭家湾风雨桥、石门白云屋桥、慈利溪口廊桥等 24 座桥与红军有关。

另外，因贺龙元帅早期捐建或与其革命活动有关而改名贺龙桥的，有龙山兴平桥、桑植仓关峪桥和桑植永安桥。

2005 年，联合国教科文组织在评价浙江庆元后坑桥（图 1-7-5）保护成果①时提出：“当地民众尊重历史工程原理和天然材质建筑艺术，廊桥也成为美丽的乡村文化景观不可或缺的一部分，当地政府也保证了廊桥能继续成为周边乡村公共集聚的场所，因此，与廊桥息息相关的根深蒂固的当地

① 2005 年，浙江庆元后坑廊桥保护项目获联合国教科文组织亚太地区文化遗产保护卓越（一等）奖。

社会文化传统也能得以长期保持下去。”[①] 以上评价，亦可为湖南古代廊桥保护、传承与利用的指导性意见。

图 1-7-5　浙江庆元后坑桥（陈红 供图）

① 蒋响元：《湖南古代交通遗存》，长沙：湖南美术出版社，2013 年，第 129 页。

# 第二章　湘江、桂江、北江、赣江流域廊桥

湖南地处云贵高原向江南丘陵和南岭山脉向江汉平原过渡的地带，东接江西，南连广东、广西，西邻贵州、重庆，北与湖北毗连，面积21.18万平方公里。基本地理特征是，西、南、东面依次为武陵山、雪峰山、南岭、幕阜山-罗霄山脉，北边洞庭湖盆沉降，中部丘岗盆地连绵，呈三面环山、朝北开口的马蹄形地貌，地跨长江、珠江两大水系。越城岭以东、诸广山以西、南岭以北、洞庭湖以南的广大区域，包括湘江、桂江、北江、赣江水系，分属永州、郴州、衡阳、邵阳、娄底、湘潭、株洲、长沙、岳阳九市。

**湘江**　东源潇水出自蓝山野狗岭[①]，西源出自广西灵川海洋山，两水在零陵苹岛汇合后，经永州、衡阳、株洲、湘潭、长沙，在湘阴芦林潭入洞庭湖，全长948公里，流域面积94721平方公里。

湘水是现代人类重要发源地。道州盆地孕育了东亚最早的现代人（Modern humans）[②]、制陶业和稻作农业。秦汉时期，南岭道路拓辟，湘桂运河修凿，开创了两广与中原政治统一和经济文化交流新格局，对湖南社会的历史演进也产生了深远影响。

省内湘江水系遗存廊桥65座，分布于永州、郴州、衡阳、邵阳、娄底、株洲、长沙等地。

**桂江**　源于华南第一高峰——广西兴安猫儿山，至溶江汇灵渠称漓江，在平乐合荔浦河、恭城河改称桂江，至梧州入西江干流浔江，全长426公里，流域面积19288平方公里。

桂江是沟通长江、珠江水系主孔道，其与湘江上游构成的“湘桂走廊”，被称为中国三大地理走廊之一[③]。

省内桂江水系遗存廊桥5座，分布于江永桃川、兰溪。

**北江**　古称溱水，珠江北支流。主干浈水源出江西信丰小茅山，经广东南雄、始兴，在韶关与武水汇合后始称北江；西支武水源出湖南临武三峰岭，经临武、宜章及广东乐昌，在韶关汇入北江。继而经英德、清远至佛山三水与西江交汇入珠江三角洲，干流长573公里，流域面积52068平方公里。

北江是湘粤、赣粤水运主孔道，也是民族迁徙和文化交流通道。楚人南下、杨越南迁以及秦征百越、汉伐南越皆由武水。

省内北江水系遗存廊桥7座，分布于临武、宜章、汝城。

**赣江**　源出江西石城石寮岽、武夷山西麓，在南昌扬子洲分汊入鄱阳湖，干流长766公里，流域面积83500平方公里，上游支流涉及汝城、桂东等地。

赣江是江西水运动脉，经鄱阳湖通长江。自秦汉拓辟大庾岭道至粤汉铁路通车，一直为沟通南北的东部孔道。

省内赣江水系遗存廊桥仅有1座，即汝城红军桥。

明清时期农业与工商业空前发展，湖湘米谷、茶叶、油桐、山货等产量显著提高，鞭炮、细瓷、湘绣、生铁等制品运量大增，江南杂货、川滇盐烟、粤桂海产、外夷珍玩等运销两旺。以市镇为节点、

---

① 2013年5月21日，水利部、交通运输部、国家能源局共同认定，湘江正源在九嶷山三分石下的野狗岭。

② 对于此项发现，主要发掘者之一的刘武先生评价道：“发现最大的意义，是发现了‘fully modern’（完全现代）的现代人，虽然还没有直接触及现代人是否起源于非洲的问题，但结合道县以及这么多年国内化石的发现，一个比较合理的推测是，中国乃至东亚人从当地起源的可能性更大一些。”参见艾江涛：《道县发现：47枚牙齿的故事》，《三联生活周刊》，2015年第44期。

③ 河西走廊、辽西走廊、湘桂走廊是中国历史上著名的地理通道，其中河西走廊连接内地与西域、辽西走廊连接华北与东北、湘桂走廊连接中原与岭南。

商道为纽带的集贸网络渐趋成形，马帮挑夫往来其间，道路交通相应发展。遗存至今的廊桥，或居商道主线，或由支线与主道相连。

随着贩运贸易的繁荣，官修驿路兼具商道功能。如湘粤驿道骑田岭段既是骡马大道又是挑夫盐道，湘黔驿道雪峰山段成为烟银特道，宝安益道梅山段为茶马古道。

有清一代，广东盐法道在仁化城口、乐昌西河和连州星子设盐埠，分三路将盐销往湘赣地区。

东线自城口经汝城、桂东、酃县、茶陵，远及江西①。

中线自西河溯舟宜章，陆运至郴州、资兴等地，或从星子陆运至临武、桂阳、常宁等地。由于盐铁是该线主要商品，史称盐铁古道。

西线则自星子挑运至蓝山、宁远、零陵、祁阳等地，史称永连盐道或两广挑盐大道。

清同治《桂阳直隶州志》记载："粤盐遍湖南，肩挑贩夫益至数千万人。皆越山岭避榷税。"② 自粤盐通湘以来，商贾出资拓整道路，修筑桥亭，青石路面宽五到六尺，两人可并肩挑行，沿途盐商挑夫、私盐贩运者皆成群结队，日常数百人，最多时达3000余人③。

## 第一节 盐铁古道

盐铁古道分布于郴州、桂阳、临武、宜章。

盐铁关系到国计民生，自汉代以来由朝廷调配，称为"榷运"。

桂阳矿产资源丰富，冶炼历史远溯先秦，汉设金官管理④。先秦两汉时期，岭南铁器多从湘南输入。汉初吕后执政时，"有司请禁南越关市铁器"。南越王赵佗遂"发兵攻长沙边邑，败数县而去焉"⑤。这场冲突，可能是史上首次因铁器禁运而引发的战争。

唐宋置桂阳监，掌矿冶铸钱。明清时期，桂阳是朝廷铸币矿料产地之一。2016年度全国十大考古新发现之桐木岭矿冶遗址出土材料，与《天工开物》等文献记载多有吻合。其中锌、铅、银、铜等多金属一体冶炼，是中国矿冶考古的首次发现，凸显了湖南古代冶金技术成就。

湖南地接川（今重庆境）、粤盐区，却"例食淮盐"⑥。盐船因故延误时，或由民众自发赴川粤挑盐，或改淮纲为粤川盐引，盐道渐次形成。北宋元丰七年（1084），朝廷裁准邻近岭南的郴、道、全、诚等州"可通广盐"⑦。由于道路崎岖，盐运艰难，一般"斗米斤盐"，最贵时"担谷斤盐"。

郴连盐道则自郴州南行九十里至宜章，由宜章经梅田、星子至连州。古代贩盐挑夫由宜章北上，有《盐路纪程谣》：

十里宜章到瑶坡，二十里路起风波，三十摺岭高万丈，四十两路叉平窝，五十良田屋还响，六十万岁封八角，七十韩公走马岭，八十叶桥乱石窝，九十南关回头望，一百来回三个坡。⑧

---

① 据清代同治《酃县志》："酃邑例食粤盐，来自广东韶州府仁化城口埠，以酃邑与桂东桂阳（笔者注：今汝城）皆地近仁化也。舟楫不通，山径险峻，历系县民由城口肩挑回县零卖，并无商店，亦无包数。"清同治十二年刊本。

② （清）同治《桂阳直隶州志》卷二十《货殖传》，清同治七年刻本。

③ 零陵地区地方志编纂委员会：《零陵地区交通志》，长沙：湖南出版社，1993年，第44页。

④ （清）汪远孙：《汉书地理志校本》："桂阳郡……有金官。"清道光二十八年刻本。

⑤ 《史记·南越列传》，清乾隆武英殿刻本。

⑥ 《宋史·蹇周辅传》，清乾隆武英殿刻本。

⑦ 《宋会要辑稿·盐法》，稿本。

⑧ 蒋响元：《湖南交通文化遗产》，北京：人民交通出版社，2012年，第284~285页。

其中，折岭段地势险要，地形陡峭。嘉庆二十三年（1818）复修时，“摺（折）岭路尤工大费繁”①。

桂阳民谣《挑盐歌》，道尽挑盐人辛酸苦辣：

一根扁担两头尖，手拿扁担去挑盐；走了多少泥浆路，过了多少石头山；喊了多少老板娘，睡了多少硬石板；受了多少寒和热，吃了多少急火饭；肩膀磨破脚走烂，老婆孩子饿断肠。②

明清时期，商贸贩运空前繁盛，贩夫走卒、马帮脚力不绝于途。“州四达皆石道，三里辄有亭……富人宦家皆以造亭为善。”③ 按照中国传统，修桥补路为积德善事，凉亭多由地方商绅捐修（图 2-1-1）。位处古道要衢的宜章大地岭村，除建有可供行旅歇宿的伏龙桥外，还筑有 4 座路亭——东源凉亭、益寿亭、欧家冲寿亭和九川岭凉亭；桂阳停欧村建有 3 座花桥——观音桥、黑子桥和欧村大桥。图 2-1-2 为盐铁古道桂阳县洋市镇府桥段。

图 2-1-1　北湖节寿亭（王政 摄）

图 2-1-2　盐铁古道桂阳县洋市镇府桥段（小平 摄）

---

① （清）章廷相：《重修摺岭记》。

② 颜石敦：《桂阳七里街：她从宋代走来》，《湖南日报》，2022 年 4 月 30 日第 03 版。

③ （清）同治《桂阳直隶州志》卷六《工志》，清同治七年刻本。

### 1. 郴州三合桥

位于郴州市北湖区华塘镇三合村，跨西河，清道光七年（1827）建造，1944 年焚于兵乱，次年修复，是湘水流域现存最大的石墩木梁廊桥。

桥长 60 米，桥面宽 2.5 米；五墩六孔，迎水端饰龙头石雕，桥廊对砌十面亭墙，上饰书画联对，下嵌碑刻八方，神龛供奉观音，单檐硬山顶，二级马头墙（图 2-1-3）。

a)

b)

图 2-1-3 郴州三合桥
（胡柏安 等摄）

### 2. 郴州下关亭

又称纪寿桥，位于郴州市北湖区仰天湖瑶族乡安源村，清同治八年（1869）由进士萧瑞云捐建。湖南省级文物保护单位。

单孔石拱，上架六柱开敞式桥亭；亭内立碑，记叙建筑始末。亭柱镌刻四副楹联：“亭榭与村相掩映；山桥随水互回还。”“放鹤去寻三岛客；约梅同醉一壶春。”“题桥人孰学司马；作记我惭仿醉翁。”“关塞亭桥重锁钥；洞天福地小桃源。”（图 2-1-4）

a)

b)

c)

图 2-1-4　郴州下关亭（彭志 舜峰 摄）

### 3. 宜章观音阁桥

位于宜章县笆篱镇才口村，武水支流绿源河上，始建于北宋，清咸丰七年（1857）重修，省境遗

存唯一塔桥。

桥长 14 米，宽 3.05 米，独墩两孔；三级宝塔用于纪念建寺高僧和历代住持，塔高 13.75 米，下层比上层依次略宽；门楣书“彼岸同臻”，桥头有咸丰年间（1851—1861）重修的福隆庵（图 2-1-5）。

a)（吴卫平 摄）

b)（王政 摄）

图 2-1-5 宜章观音阁桥

4. 宜章伏龙桥

位于宜章县浆水乡大地岭村，湘粤驿道上，跨武水支流，始建于明嘉靖二十二年（1543），清道光十年（1830）重修，省内唯一双层廊桥。

桥长 15.8 米，宽 4.6 米；单孔石拱，上建两层重檐桥亭，一楼铺石板，二楼铺木板，供长途跋涉的旅人歇息。

大地岭村建于明永乐年间（1403—1424），明清皆设有驿铺，除伏龙桥外，尚存角楼 1 座、凉亭 4 座。其中，角楼始建于明崇祯五年（1632），其下与楼同宽的石拱横跨小溪（图 2-1-6）。

a)

图 2-1-6

b)

c)

图 2-1-6　宜章伏龙桥（王政 摄）

### 5. 宜章广济桥

位于宜章县笆篱镇车田村，跨武水支流玉水河，始建于明，清道光七年（1827）重修，系桥庙组合建筑。

桥长30米、宽3.85米，墩上硐楼宽9米、高8.4米，孔跨9.5米；独墩两孔，叠木伸臂，穿斗构架桥廊；两端砖砌牌坊，弧形拱门；桥墩背水侧建3间庙宇；神龛联云：“诚心拜佛，何须远朝南海；真意焚香，此处就是西天。”（图2-1-7）

a)

图　2-1-7

b)

图 2-1-7　宜章广济桥（吴卫平 摄）

a)

6. 宜章万福桥

位于宜章县笆篱镇桐木湾村，跨玉水河，1932年修建。

桥长22.5米，桥面宽3.8米，两孔石拱，单孔净跨8米；木构桥廊，单檐硬山顶。旁边有一座清乾隆四十年（1775）建的砖砌惜字塔——万福塔（图2-1-8）。

b)

图 2-1-8　宜章万福桥（王政 摄）

7. 桂阳聚仙桥

又名集仙桥，位于桂阳县流峰镇板溪村，跨杏溪。板溪开村始祖李元寿于南宋嘉泰元年（1201）建造，明洪武年间（1368—1398）、景泰

六年（1455）、清乾隆六年（1741）先后修缮。

桥长27米，宽3.9米，亭高3.3米，孔跨12.4米；单孔石拱，木构廊亭，单檐歇山顶，脊檩阴刻“清乾隆六年重修”题记。

李元寿，字守真，原籍江西泰和。南宋庆元四年（1198）“剿苗之楚”，因功获封昭武将军，驻守桂阳，后定居板溪，并在杏溪上建石拱，因旁设有仙人弈棋石局，取名聚仙桥（图2-1-9）。

图2-1-9　桂阳聚仙桥（王政 摄）

### 8. 桂阳文昌阁桥

位于桂阳县流峰镇西湖村，始建于南宋，清光绪四年（1878）重修。桥长14.7米，亭高3.3米；单孔石拱，砖木桥廊，旁有惜字塔，还有一方“好善乐施”碑（图2-1-10）。

a)

图　2-1-10

b)

图 2-1-10　桂阳文昌阁桥
（彭志 王政 摄）

**9. 桂阳横桥**

位于桂阳县流峰镇，盐铁古道上，清光绪年间（1875—1908）修建。桥长 12.6 米，宽 4.2 米；单孔石拱，砖砌漏窗式桥廊，单檐歇山顶（图 2-1-11）。

图 2-1-11　桂阳横桥（王政 摄）

**10. 桂阳观音桥**

位于桂阳县流峰镇坛边村，盐铁古道上，始建年代不详，清道光二年（1822）重修（图 2-1-12）。

图 2-1-12　桂阳观音桥（彭志 摄）

### 11. 桂阳惠政桥

位于桂阳县仁义镇政明村，跨舂陵江支流，始建于宋嘉定五年（1213）。独墩两孔，架木为梁，开放式桥廊，单檐硬山顶（图 2-1-13）。

图 2-1-13 桂阳惠政桥（秦巴山 摄）

### 12. 桂阳乐善桥

又叫观音桥，位于桂阳县太和镇潭沙村，建于清初，1935 年重修。

单孔石拱，砖木桥亭，神龛供奉观音和桥王菩萨。前柱联云："满座祥云垂世界；一群英气挽乾坤。"后柱联云："乐地任遨游，来来去去皆自得；善人无幸致，劳劳碌碌又何妨。"（图 2-1-14）

图 2-1-14 桂阳乐善桥（彭志 摄）

### 13. 桂阳富龙桥

位于桂阳县敖泉镇杏村，乾隆十七年（1752）建成。桥长 20. 12 米，宽 6 米，单孔石拱，砖木桥廊，单檐悬山顶（图 2-1-15）。

图 2-1-15 桂阳富龙桥
（王政 摄）

### 14. 桂阳福寿桥

位于桂阳县正和镇阳山村，始建于清嘉庆年间（1796—1820），道光戊戌年（1838）重修。

单孔石拱，悬山顶桥亭。6 根石柱镌刻 3 幅楹联，前柱联云“鳞丸参差分燕冀；石亭长短记乌私。”中柱联云：“停车通梓里；骑杖话桑田。”后柱联云：“永凭石磝陞三级；要溯天源上一层。”亭东悬“乐善不倦”和“孝思不匮”匾额，为防风雨，北面砌有砖墙（图 2-1-16）。

a)

图 2-1-16

b)

c)

图 2-1-16 桂阳福寿桥（王政 摄）

### 15. 桂阳官溪桥

位于桂阳县正和镇官溪村，清咸丰年间（1851—1861）当地武举人何煌捐建。

单孔石拱，歇山顶桥亭，中设神龛，六根石柱镌刻举人李隆礼（官溪人氏）的题联。前柱联云："十二栏杆堪系马；三千巨浪不呼州。"中柱联云："赖有数楹堪蔽雨；不安四壁怕遮山。"后柱联曰："人夸司马乘轩过；我爱东坡放鹤来。"（图 2-1-17）

图 2-1-17 桂阳官溪桥（雷晓明 摄）

### 16. 桂阳坳头桥

位于桂阳县和平镇筱塘村，清咸丰年间（1851—1861）修建。

单孔石拱，歇山顶桥亭，六根石柱支撑亭顶（图 2-1-18）。前柱联云："轩乘司法曾题柱；书授留侯好倚栏。"石柱上有大象样式的石刻（图 2-1-19）。

图 2-1-18　桂阳坳头桥
（彭志 摄）

图 2-1-19　桥亭石柱上的大象石刻
（王政 摄）

### 17-19. 桂阳停欧花桥群

位于桂阳县洋市镇停欧村，皆为清同治四年（1865）修建。

三座花桥呈三角形分布，彼此相距 200 ~ 300 米，由石板大道连缀，形成湘江流域罕见的廊桥群落。其中，欧村大桥长 32.4 米，宽 5.6 米（图 2-1-20）；观音桥长 10 米，宽 4.5 米（图 2-1-21）；黑子桥长 10.6 米、宽 4.5 米（图 2-1-22）。

a)

b)

图 2-1-20　欧村大桥（彭志 小平 摄）

图 2-1-21　观音桥
（王政 摄）

图 2-1-22　黑子桥
（王政 摄）

### 20. 桂阳双江花桥

位于桂阳县洋市镇双江村，1925 年修造。桥亭组合建筑，单孔石拱，砖木桥廊，桥头建有寺庙，附近有五层石砌惜字塔（图 2-1-23）。

a)

图　2-1-23

图 2-1-23 桂阳双江花桥（王政 摄） b)

## 21. 桂阳合金桥

位于桂阳县雷坪镇三泉口村的盐铁古道上，清光绪十九年（1893）建造。桥长 15.6 米，宽 4.2 米；独墩两孔，木构桥廊，单檐硬山顶（图 2-1-24）。

a)(彭志 摄) 图 2-1-24

图 2-1-24　桂阳合金桥　　b)（郴州市交通运输局 供图）

## 22. 桂阳杨家坪大桥

位于桂阳县樟木乡杨家坪村，1924 年建造。桥长 26 米，宽 5.5 米；单孔石拱，木构桥廊，单檐歇山顶（图 2-1-25）。

图 2-1-25　桂阳杨家坪大桥（郴州市交通运输局 供图）

### 23. 桂阳甘岭花桥

位于桂阳县莲塘镇甘岭村。单孔石拱，木构桥廊，单檐悬山顶（图 2-1-26）。

图 2-1-26 桂阳甘岭花桥
（彭志 摄）

### 24. 桂阳古道小桥

乡村地址、建造年代不详①。单孔石拱，砖木桥廊，单檐悬山顶（图 2-1-27）。

图 2-1-27 桂阳古道小桥
（郴州市交通运输局 供图）

### 25. 临武五拱桥亭

又名登仙桥，位于临武县汾市镇渡头村，汉至六朝临武县治——渡头古城遗址旁，跨北江支流武水，清乾隆三十年（1765）建造，全国重点文物保护单位。

① 该桥具体的建造年代和地址，郴州 2009 年上报资料时空缺。2022 年确认时，因单位人员变动，无法落实。

桥长65米，五孔石拱，中拱亭长12.3米，宽5.7米。1994年6月拱桥东段毁于洪水，次年修复时原木构凉亭改建砖混桥廊（图2-1-28）。

a)

b)

图2-1-28　临武五拱桥亭（王政 摄）

## 26. 临武石龙桥

位于临武县花塘乡石门村，始建于明嘉靖年间（1522—1566）。单孔石拱，封闭式砖木桥屋，单檐硬山顶。

石门村文化底蕴深厚，保有省内规模最大的明代民居建筑群。石门龙宫卧有一条鳞甲分明、栩栩如生的“石龙”，明代地理学家徐霞客前往考察后，在《徐霞客游记·楚游日记四》中写道：“水底白石如龙，首顶横脊，尾拖池中。”①（图 2-1-29）

a)

b)

图 2-1-29 临武石龙桥（周开发 摄 谢武经 供图）

① （明）徐弘祖：《徐霞客游记》，卷二下，清嘉庆十三年增校本。

# 第二节　盐茶古道

盐茶古道分布于汝城、桂东、酃县、茶陵、永兴、常宁等地。

清代湘粤官道主线自长沙善化经南岸驿、黄茅驿、黄堡驿、临蒸驿、耒阳驿、郴州驿，出宜章三峰堆，接广东驿道，计程855里；另自常宁、桂阳、临武出广东连州，或由茶陵、酃县、桂东、汝城入广东仁化，为重要支线，亦为贸易走廊①。商帮贩夫将茶叶、药材等运销广东，换回食盐、百货，因以茶盐贩运为主，史称盐茶古道（图2-2-1）。

图2-2-1　常宁天堂山盐茶古道

1928年，红四军军部驻扎桂东普乐镇东水村时，曾与村农会主席合作红军亭（图2-2-2）。亭联：“四面皆空，非宅非店谁作主；二头有路，是站是坐我当家。”

图2-2-2　桂东普乐镇东水村红军亭（何建军 摄）

### 27. 汝城泉水红军桥

位于汝城泉水镇，广东仁化通往汝城的茶盐古道上，跨东江湖上游浙水支流。单孔石拱，砖木桥廊，单檐硬山顶（图2-2-3）。

① 蒋响元：《湖南古代交通史（史前到清末）》，北京：人民交通出版社股份有限公司，2020年，第409页。

1934年11月3日，中央红军鉴于“汝城碉堡坚固，山炮不能征服，地下作业又无时间”①，放弃攻城，改道南行，其中一支部队经该桥前往百丈岭、担盐坳，折转西向延寿、文明司等地攻击前进，成功突破国民党军的第二道封锁线。

图 2-2-3 汝城泉水红军桥
（祝志方 摄）

### 28. 汝城热水红军桥

位于汝城热水镇东江水村，跨赣江上游支流东江水，清代建造，由往来其间的茶盐商人捐修，是省内唯一一座分布于赣江水系的古廊桥（图 2-2-4）。

图 2-2-4 汝城热水红军桥
（朱华锋 摄）

1934年10月30日，中央红军一部从江西崇义出发长征，经芭蕉垅、清水洞抵东江水、鱼王等地，途经该桥西进。

---

① 陈虎：《长征日记》，北京：中国长安出版社，2005年，第31页。

### 29. 汝城平湾风雨桥

位于汝城大坪镇平湾村，跨北江支流锦江上游（图 2-2-5）。

1927 年 7 月，汝城、桂东、宜章、郴县及广东东江农军等组建的中国工农革命军第二师在汝城成立，成为中国共产党领导下的第一支工农武装，并正式亮出军旗。对此，毛泽东在军事文献《湘南运动大纲》指出："湘南特别运动以汝城县为中心。"①

2017 年 4 月，潇湘电影集团创作的重大革命历史题材电影《第一军旗》在平湾村取景拍摄。

图 2-2-5　汝城平湾风雨桥（祝志方 摄）

### 30. 桂东天缘桥

又名油箩口凉桥，位于桂东县普乐镇普乐、小江、杨岭、徐洞四村交界的油箩口，跨东江上游沤水，始建于清乾隆年间（1736—1796），宣统二年（1909）增建桥亭，2015 年重修。

桥长 52.4 米，宽 4 米，三墩四孔，单檐木构桥廊，神龛供奉观音、关公。旧时为防土匪劫掠，两翼置可关锁的栏板，晚上桥门、栏板紧闭，乡丁扼守，不准过桥。桥自建成以来，每逢"五""十"

a)

图　2-2-6

① 《毛泽东军事文集》，北京：军事科学出版社、中央文献出版社，1993 年，第一卷，第 4 页。

b)

图 2-2-6 桂东天缘桥（何为 摄）

为邻近村民及湘赣粤商户集贸交易场所（图2-2-6）。

## 31. 永兴马渡桥

位于永兴县悦来镇马渡村，清代建筑。两墩三孔，八根石柱支撑开放式桥亭，单檐悬山顶。

马渡村地灵人杰，自元大德年间（1297—1307）开基以来，有4人进士及第，另有监生11人、庠生22人、廪生5人，明代建成的官厅门额悬挂宣德皇帝御赐的“科贡世家”匾牌(图2-2-7)。

a)

图 2-2-7

b)

图 2-2-7 永兴马渡桥
（李永红 摄）

### 32. 茶陵花甲廊桥

位于茶陵镇界首镇花甲村。两孔砖拱，封闭式桥廊，单檐硬山顶（图2-2-8）。

界首镇因位于著名的明清墟场——界首坪得名，是湖南“八大古集名墟”之一，辐射省内茶陵、酃县、安仁、永兴、耒阳及省外江西等地客商。境内独岭坳有长江中游流域最南端的大溪文化（前4400—前3300）聚落遗址。

a)

图 2-2-8

b)

图 2-2-8 茶陵花甲鼎桥
（林晚同 彭志 摄）

## 第三节 两广挑盐大道

永连盐道（永州、衡阳、宝庆、湘潭通往广东连州）、潇贺盐道（道县、江永、江华通往广西贺州）合称两广挑盐大道。

挑盐人每次挑 80 ~ 120 斤，每天走 50 ~ 60 里，起早摸黑，风餐露宿，条件极为艰苦，故有民谣："养崽莫挑盐，一年当十年；天天有凶险，日日挑驮难。"20 世纪 30 年代，粤汉、湘桂铁路相继通车后，两广盐道渐成陈迹。

### （一）永连盐道

永连盐道分布于零陵、双牌、宁远、新田、蓝山、连州等地，始于宋代，明清渐趋成形。路皆由乡绅或盐商捐建，青石铺筑，桥亭俱备（图 2-3-1）。主线自永州府城东行，经福寿亭、茆江桥、仙人桥，走菱角塘，翻丫髻岭，穿铲子坪，过廖家桥，越白水岭，出神仙冲，奔大麻江，过茅镰湾，翻响鼓岭，逾猴坪，越石吞岭，入宁远县境；再走九龙亭，过清水桥，入柏家坪，奔双井墟，穿朝阳洞，出马褡坪，走禾亭墟，过龙盘圩，逾广春，出金田洞，入蓝山县境；继走三里亭，过万年桥，出猫仔冲，绕半山园，穿草鞋坪，进南风坳，翻钩挂岭，抵广东连州盐埠①，全程 550 里，沿途各地筑有支线相连。

衡州、宝庆、湘潭等地，亦有人经由永连盐道挑"南盐"、百货。清代学者容闳在《西学东渐记》写道："以故湘潭及广州间，商务异常繁盛。交通皆以陆，劳动工人肩货往来于南风岭者，不下十万人，南风岭地处湘潭与广州之中央，为往来必经之孔道。道旁居民，咸藉肩挑背负以为生……"②南风岭位于蓝山境内，古为南北交通要隘，建有万年桥（图 2-3-2）。岭坳建有薰风亭，供往来挑夫歇息。

---

① 零陵地区地方志编纂办公室：《零陵地区交通志》，长沙：湖南出版社，1993 年，第 43 页

② （清）容闳：《西学东渐记》，长沙：湖南人民出版社，1981 年，第 46 页。

图 2-3-1 永连盐道上的新田长冲凉亭（王政 摄）

图 2-3-2 蓝山万年桥为永州、衡州等地往连州挑盐的必经孔道（曾东林 摄）

### 33. 零陵庆安桥

又名八角亭，位于永州市零陵区邮亭圩镇新江村，始建于明代，清道光年间（1821—1850）重修。

桥亭组合建筑，长 21 米，宽 4.2 米，拱跨约 6 米；三孔石拱，桥上建廊，中为重檐楼阁，两侧设条石坐凳；门额一端书“庆安桥”，另一端写“八角亭”（图 2-3-3）。

a)

b)

图 2-3-3 零陵庆安桥（彭志 唐艳军 摄）

图 2-3-4 零陵郑家桥（杨万里 摄）

### 34. 零陵郑家桥

位于永州市零陵区邮亭圩镇郑家桥村，清乾隆年间（1736—1796）建造。

桥长 30 米，面宽约 4 米；三孔石拱，木构凉亭，屋架由 8 根巨木支撑而成，两旁设木凳供人休息，单檐悬山顶（图 2-3-4）。

### 35. 双牌蔡里口亭子桥

位于双牌县何家洞镇蔡里口村，1917 年乡人蒋访谋、蒋朝宗捐建。

原桥长 12 米，宽 3 米；单孔两台，上架 9 根直径约 50 厘米的巨杉为梁，桥面由 17 厘米厚的木板铺平；木构桥廊，三开间，左雕“双龙戏珠”，右刻“双凤朝阳”，中绘八仙过海和关公画像；主梁刻绘八卦图、斩龙剑，墨书建造年代及主事名单；两侧置栏杆坐凳，供行人歇息。1997 年毁于火后，暂搭简易木梁通行，尚未修复（图 2-3-5）。

a)

b)

图 2-3-5　双牌蔡里口亭子桥（永州市交通运输局 供图）

### 36. 宁远南门桥

位于宁远县宁远城关，跨泠江，始建于元代，明弘治四年（1491）水毁，南林寺和尚化缘重建，

盖屋 34 间；其后多次修缮，20 世纪末拆除桥廊，2013 年重修（图 2-3-6）。

a)南门桥原貌

b)南门桥旧貌换新颜

图 2-3-6 宁远南门桥（刘铭 摄）

明洪武《永州府志》载："望仙桥，在县南三十步。"清初，取上古歌谣《南风歌》中"南风之薰兮，可以解吾民之愠兮"意涵，更名迎薰桥。嘉庆年间（1796—1820）改称凤桥。其后桥名多次改变，有望仙桥、迎薰桥、凤桥、仪凤桥、七七桥、解放桥、南门桥、凉桥、跃进桥等，堪称国内易名最多的廊桥。

### 37. 宁远回龙桥

古称迎秀亭，位于宁远县中和镇慕投杠，明永乐年间（1403—1424）修建。

单孔石拱，封闭式桥廊，内立碑刻十余方，有楹联、壁画若干，包括明永乐"欧阳仕英监立"碑。门联书曰"有醉翁遗风此间即是；等慈航普渡彼岸同登""得仁水福山钟灵毓秀；假晨钟暮鼓唤醒苍生。"（图 2-3-7）

a)

b)

c)

图 2-3-7　宁远回龙桥（王政 摄）

### 38. 宁远广文桥

又名向阳桥，位于宁远县湾井镇下灌村，清乾隆四年（1739）建造，道光十一年（1831）重修。桥长 30 米，桥面宽 3 米，两墩三孔，伸臂式木构，单檐硬山顶（图 2-3-8）。

a) (孟春 摄)

b) (杨世群 摄)

图 2-3-8 宁远广文桥

下灌村因数水合流，灌而成溪，又名瀧溪村，始建于南朝齐永元元年（499）。唐文宗太和二年（828），村人李郃（808—873）状元及第，成为湖湘首位状元。据长沙天心阁《湖南历代状元名录》，湘境历代状元共 15 位①，下灌占其二，另一位是南宋时的乐雷发。

李郃任贺州刺史期间，发明了“叶子戏”。宋代《太平广记》引《感定录》：“唐李郃（郃，作者

① 湖南历代状元分别是：唐代李郃，北宋王世则、朱经贯、莫俦，南宋易祓、王容、吴必达、贺德英、乐雷发，元代曹一本、何克明、霍希贤，明代黎淳，清代彭浚、萧锦忠，合计 15 位。

注）为贺州刺史。与妓人叶茂莲江行，因撰骰子选，谓之叶子。咸通以来，天下尚之。”① 由叶子戏演变而来的麻将，与武术、京剧、书法、中医等，都是中华文化的重要组成部分。

### 39. 新田刘家桥

位于新田县因桥得名、因桥而兴的古村——龙泉镇刘家桥村，明嘉靖年间（1522—1566）修筑。

桥长18米，桥面宽4.5米，拱门高2.95米、宽2.2米；两墩三孔，木构桥廊，马头墙绘梅兰竹菊、山水和历史故事等图（图2-3-9）。上游10余米处，有建于明洪武五年（1372）的石拱桥，长12米，宽3.7米，拱跨6米，拱券浮雕动物，桥面刻“三三”棋盘（图2-3-10）。

图2-3-9　新田刘家桥（彭志 摄）

图2-3-10　石拱桥（陈气象 摄）

① （宋）李昉：《太平广记》卷一百三十六《李郃》，北京：中华书局，1961年，第978页。

图 2-3-11 新田环灵桥亭（彭志 摄）

### 40. 新田环灵桥亭

位于新田县龙泉镇环灵桥村，清嘉庆二十四年（1819）修建。

桥亭组合建筑，长 12 米，宽 4.5 米，高 7.15 米，单檐硬山顶马头墙。石柱联曰：“劳人至此堪亭坐；过客来斯漫峰行”“摸旧制神灵有感；承前谟士庶沾恩。”（图 2-3-11）

### 41. 新田兰溪桥亭

位于新田县新圩镇兰溪村。单孔石梁，12 根石柱分立两排支撑桥亭，单檐悬山顶（图 2-3-12）。

a)

b)

图 2-3-12 新田兰溪桥亭（王政 摄）

兰溪是历史文化名村。唐末战乱时，始祖陈全公由江西泰和县迁居此地。村人效力戎行，以军功授顶戴位列从三品游击、四品都司、五品守备、七品把总及六品军功者 23 人。

### 42. 新田洞头风雨桥

位于新田县龙泉镇大历县村。单孔两台，木构桥廊，两端石拱门，单檐硬山顶（图 2-3-13）。

a)

b)

图 2-3-13　新田洞头风雨桥（王政 摄）

### 43. 新田长亭桥

位于新田县石羊镇长亭村，清嘉庆十四年（1809）建造。下部为石拱（两孔）、石梁（两孔）组合构造，石拱、石梁之上分别架设石柱木构廊亭（图 2-3-14）。

图 2-3-14 新田长亭桥（彭志 摄）

### 44. 蓝山望嶷亭

位于蓝山县所城镇黄泥铺村，清代建造，1947 年重修。

桥亭组合建筑，长 7 米，宽 4.4 米，门额浮雕“望嶷亭”（图 2-3-15）。附近有舜水、舜源峰、舜岩、舜庙等舜帝活动遗迹。天气晴朗时，可在桥亭看到九嶷山主峰香炉石。相传，娥皇和女英曾在此泣望九嶷山，寻觅舜帝行踪。

a)

图 2-3-15

b)

c)

图 2-3-15　蓝山望嶷亭（永州市交通局 供图）

## （二）潇贺盐道

潇贺盐道分布于道县、江永、江华、贺州等地。

湘桂官道始于楚，主线自长沙善化至广西全州，全程 810 里。清代设南岸驿、黄茅驿、黄堡驿、临蒸驿、排山驿、枣木岭腰站，沿途五里一亭，十里一铺。

另由零陵南行 160 里至道州，或经永明（今江永县），出龙虎关抵广西恭城，或过麦岭达富川；或经江华逾桂岭，出广西贺州，史称潇贺古道或潇贺盐道①。该道北联潇水、湘水，南结贺江、桂江，“为秦尉屠睢督帅征骆越所辟也”②。其中，挑着花生、茶油、茶叶等土产，从道县经江华到贺州，或道县经江永往富川，挑盐、百货回来，往返需要 7～8 天。潇贺盐道上，分布着诸多古老的廊桥和路亭（图 2-3-16、图 2-3-17）。

---

① 蒋响元：《筚路蓝缕 以启山林——湖南古代交通史（史前至清末）》，北京：人民交通出版社股份有限公司，2020 年，第 409 页。

② （宋）范之晔：《秦史拾遗》，商务印书馆，1939 年，第 28 页。转引自蒋响元：《湖南交通文化遗产》，北京：人民交通出版社，2012 年，第 25 页。

图 2-3-16　潇贺盐道上的江永上甘棠三拱桥（尹林芬 摄）

图 2-3-17　全国重点文物保护单位——潇贺盐道上的江永汉绫桥和路亭（王政 摄）

### 45. 道县午田风雨桥

又称红军桥，位于道县新车镇午田村，南宋淳祐年间①（1241—1252）邑人朱明远倡修。全国重点文物保护单位。

桥长 20.6 米，宽 5.3 米，高 6 米；两孔石拱，木构桥亭，两侧置条凳，单檐硬山顶，东西马头墙（图 2-3-18）。

---

①（清）光绪《道州志》卷之二："午田桥在州西南二十五里午田村前，为永明官路。宋淳祐间居民朱明远建，上覆以屋。国朝雍正间州乡进士唐雍记。"（清光绪三年刊本）其文中所谓"国朝"是当时文人对清朝的称呼。

a) (蒋克青 摄)

b) (曾拥军 摄)

图 2-3-18 道县午田风雨桥

明代地理学家徐霞客在《楚游日记》中描述："南上一岭，越岭而下，有村两三家，从其东又三里为午田，其中聚落颇盛。"1934 年 9 月 1 日，红六军团经八家村、午田桥，至车田洞宿营；同年 11 月 24 日—25 日，中央机关、中革军委纵队渡过潇水，经祥霖铺、秀水洞、新车、八家村、午田桥，进驻禾塘一带。

### 46. 道县廻庵桥

位于道县仙子脚镇下坝洞村，山崖壁下，康熙十七年（1678）修建，省内唯一桥庵组合廊桥。

桥长 21 米，宽 4.5 米；单孔石拱，上建三间室庵堂，内置康熙十七年桥碑，溪流经桥孔进入地下暗河（图 2-3-19）。

图 2-3-19 道县迴庵桥（王政 摄）

### 47. 道县江洲桥亭

位于道县桥头镇大江洲村，跨田洞小溪，清嘉庆四年（1799）建造。桥亭组合，4 根石柱支撑屋架，单檐歇山顶（图 2-3-20）。

图 2-3-20 道县江洲桥亭（杨雄心 摄）

### 48. 道县上李家桥亭

位于道县寿雁镇上李家村，跨古水渠，清咸丰八年（1858）建造。

重檐阁楼式建筑，东侧水渠之上架设石梁，南、北、西开门。亭内角柱与梁架、童柱榫卯连接，梁书“大清咸丰捌年岁次戊午仲春”；藻井外方内圆，圈沿纹饰精美，圈内花板已不复存（图2-3-21）。

a)

b)

图2-3-21　道县上李家桥亭（杨雄心 摄）

### 49. 道县福寿桥亭

位于道县营江街道办事处麻元里村，跨无名小溪，光绪十五年（1889）修造。

桥亭组合建筑，单孔石梁，抬梁式木构，山墙搁檩，二级翘檐马头墙，砖砌漏窗（又称透花窗）桥廊，拱门灰塑“福寿亭”（图2-3-22）。

图 2-3-22 道县福寿桥亭
(杨雄心 摄)

### 50. 道县东山桥亭

位于道县白马渡镇东山村，始建年代不详，桥西有清光绪十九年（1893）重修凉亭、路碑。

单孔石拱，抬梁式木构，单檐歇山顶。门柱联云：“怡坐客幽情静中论古；驻行人倦足忙里偷闲。”（图 2-3-23）

图 2-3-23 道县东山桥亭
(杨雄心 摄)

### 51. 道县上螺海桥亭

位于道县寿雁镇上螺海村，清代建筑。

桥长 13 米，宽 2.6 米；单孔石拱，木构桥廊，单檐悬山顶（图 2-3-24）。

寿雁镇历史文化底蕴深厚，玉蟾岩遗址出土世界上最早的栽培稻实物、最早的有完整形态的陶器，为稻作及陶瓷起源、发展与传播研究提供了实物资料。

图 2-3-24　道县上螺海桥亭
（杨雄心 摄）

### 52. 道县八家桥

位于道县新车镇八家村，1919 年建造（图 2-3-25），2019 年修缮。桥长 9 米，宽 3.9 米；单孔石拱，砖木桥廊，单檐硬山顶，二级马头墙（图 2-3-26）。

1934 年 9 月，红六军团途经道县时，在午田、桐溪尾、八家等村宿营。11 月，中央红军经由该桥西进。

图 2-3-25　八家桥原貌
（杨雄心 摄）

图 2-3-26　修缮后新姿
（王政 摄）

### 53. 道县毛巾田亭子桥

位于道县桥头林场毛巾田村，跨沭水河上游。

桥长 12.2 米，宽 3.5 米，高 6.8 米；独墩两孔，河中天然岩石为墩，木构廊亭，单檐悬山顶。2020 年 6 月桥亭垮塌，石墩尚存（图 2-3-27）。

a)

图　2-3-27

b)

c)

图 2-3-27　道县毛巾田亭子桥（杨雄心 摄）

### 54. 江永盐下桥亭

位于江永县回龙圩镇盐下村，清嘉庆年间（1796—1820）建造。

桥长 10 米，宽 4. 5 米；单孔两台，木构桥廊，单檐硬山顶；廊柱、马头墙雕绘山水、花鸟图案（图 2-3-28）。

土梁。

a)

b)

图 2-3-28　江永盐下桥亭（永州回龙圩管理区 供图）

## 55. 江永光下桥亭

位于江永县回龙圩镇光下洞，清嘉庆年间（1796—1820）建造。1993 年重修，改木梁为混凝土梁。

桥长 10 米，宽 5.5 米；单孔两台，木构桥廊，单檐硬山顶，中建重檐歇山顶阁亭（图 2-3-29）。

a)

b)

图 2-3-29　江永光下桥亭（永州回龙圩管理区 供图）

### 56. 江永桥头风雨桥

位于江永县兰溪瑶族乡勾蓝瑶寨，始建于明末。

勾蓝瑶是明洪武二十九年（1396）朝廷敕封的四大民瑶之一①。勾蓝瑶寨遗存包括 3 座风雨桥（图 2-3-30）、保存较好的瑶族古建筑群，2014 年被公布为中国历史文化名村。

① 江永"四大民瑶"指明朝招安下山的四支瑶民，即勾蓝瑶、扶灵瑶、清溪瑶、古调瑶。

图 2-3-30 江永桥头风雨桥（冯小竹 摄）

a)

b)

图 2-3-31 江永培元桥（王政 摄）

### 57. 江永培元桥

位于江永县兰溪瑶族乡勾蓝瑶寨村口，始建于清初，光绪二十二年（1896）重修。桥名曰培元，取企盼一方复兴之意。

桥长 13 米，宽 6 米；单孔石拱，木构桥廊，中建重檐阁亭，亭高 5.6 米，藻井墨书诗词对联；单檐硬山顶，二级马头墙，拱门上书“培元桥”（图 2-3-31）。

### 58. 江永三门街桥

位于江永县兰溪乡勾蓝瑶寨，中华民国时期（1912—1949）建筑(图 2-3-32)。

图 2-3-32　江永三门街桥（王政 摄）

### 59. 江永兴隆桥

位于江永县桃川镇建安亭村，始建于明万历十四年（1586），省内唯一榫卯结构的石柱石梁廊桥。

桥长 15. 16 米，宽 4. 5 米，亭高 5. 8 米；12 根石柱排成三墩四孔，每墩 4 根，子母榫拼拢、条石压合，上铺石梁；木构桥廊，有梁架 4 排，金柱、檐柱各 8 根，中建歇山顶桥亭，两端马头墙（图 2-3-33)。

a)

图　2-3-33

b)

图 2-3-33 江永兴隆桥（杨雄心 摄）

### 60. 江永朝天桥

位于江永县桃川镇大地坪村岩寺营，1941 年复修，全国重点文物保护单位（图 2-3-34）。

位处大地坪村的谢沐关是湘桂交通咽喉，地理位置十分重要。汉武帝为扼控南越，在此设谢沐县。明代在江永置两所六营①，岩寺营为六营之一，驻兵由广东阳山县迁来，村民多为当年戍兵后裔。

a)

图 2-3-34

① 两所一为桃川守御千户所，一为松柏乡的枇杷守御千户所。参见蒋响元：《筚路蓝缕 以启山林——湖南古代交通史（史前至清末）》，北京：人民交通出版社股份有限公司，2020 年，第 362 页。

b)

c) 图 2-3-34 江永朝天桥（王政 摄）

## 61. 江永拱桥风雨桥

位于江永县松柏乡石桥头村的潇贺古道上（图 2-3-35）。

图 2-3-35

a)

图 2-3-35 江永拱桥风雨桥（王政 摄） b)

## 62. 江华犀牛桥亭

位于江华瑶族自治县大圩镇兴仁桥村，因桥左岩洞的犀牛传说命名。清代建筑，2008 年初桥屋毁于村道建设，后重修。

桥亭组合建筑，三孔石拱，原柱、横梁均为石质，单檐悬山顶；石柱皆刻楹联，其中一联曰：“左岩右塔三不朽矣；通粤达楚一以贯之。”（图 2-3-36）

a) (莫伊 摄)

图 2-3-36

b) (莫伊 摄)

c) (永州市交通运输局 供图)

图 2-3-36　江华犀牛桥亭原貌、残迹及重修后样貌

## 第四节　衡桂盐茶道

衡桂盐茶道分布于衡山、衡阳、祁东、祁阳、零陵等地。

衡山茶肇始于唐，盛名于宋，多沿湘桂官道运销岭南各地①。唐代《膳夫经》："衡州衡山团饼而巨串，岁收千万，自潇湘达于五岭，皆仰给焉虽远自交趾之人，亦常食之。"② 所谓"上下桂全湖湘

① 蒋响元：《筚路蓝缕 以启山林——湖南古代交通史（史前至清末）》，北京：人民交通出版社股份有限公司，2020 年，第 283 页。

② （唐）杨晔：《膳夫经》，不分卷，间丘辩囿本

间，转运花粮糖盐而已”①。

中华民国时期，湘桂公路多循驿道旧迹，沿途木梁桥大多被毁改建，石拱桥拆除桥廊，改通汽车，如湘江流域最大（桥长 98 米、宽 6.7 米）的石拱廊桥——清嘉庆十年（1805）建造的祁阳驷马桥（图 2-4-1、图 2-4-2）。

图 2-4-1 湘桂官道之驷马桥原貌

图 2-4-2 拆除拱上 24 间桥亭、改行汽车的驷马桥（赵扬名 摄）

### 63. 衡山接龙桥

位于衡山县江东乡南坪村石坳塘，清代建成，2012 年毁于公路建设。单孔石拱，木构桥廊，单檐硬山顶（图 2-4-3）。

① （清）同治《祁阳县志》卷之二十二《风俗》，清同治九年刊本。

a)

b)

图 2-4-3　衡山接龙桥
（衡阳市交通运输局 供图）

### 64. 祁东状元桥

位于祁东县归阳镇，跨湘水支流白河，始建于明弘治年间（1488—1505），光绪二年（1876）重修。抗战期间桥亭拆毁，1952 年复建，湖南省级文物保护单位。

桥长 86. 1 米，桥面宽 7. 95 米；五孔石拱，木构桥亭，24 开间，两侧各有 20 根石柱，中悬“万古不磨”匾，单檐悬山顶（图 2-4-4）。

相传，大桥建成时有新科状元获邀踩桥，一银须老者含笑出联：“大桥刚合，从此通行，必吟诗作对，有所感，有所为，状元公有何想法？”状元郎拱手作答：“小生新中，尔后为官，当报国效民，不图名，不图利，众父老不必担心。”众皆称妙，乃将新桥命为“状元桥”，并碑刻桥名由来于桥南，以记其盛。

a)

b)

图 2-4-4 祁东状元桥（申浩然 摄）

### 65. 祁东社埠桥

又名继善亭，位于祁东县白地市镇灌渡桥社区，跨社埠桥水，始建于清初，光绪甲辰年（1904）增建桥亭，2015 年重修（图 2-4-5）。

a)

b)

图 2-4-5　社埠桥原貌和重修后的社埠桥（衡阳市交通运输局 供图）

### 66. 零陵聚胜桥

位于零陵县水口山镇，梅溪河上，清道光二十三年（1843）建造，1984 年重修时改木梁为混凝土梁。

桥长 29 米，面宽 6.5 米，两墩三孔，木构桥亭，单檐悬山顶。桥东联曰："聚落畔梅溪分合古镇；胜迹光碑岭俯仰名桥。"桥西联曰："老街新街一桥飞架；山口水口万物云集。"（图 2-4-6）每逢二、五、八日，十里八乡的百姓都会云集桥上，摆摊设点，熙熙攘攘，热闹异常。

a) (唐艳明 供图)

b) (唐定国 摄)

图 2-4-6 零陵聚胜桥

# 第五节 永邵盐道

永邵盐道分布于东安、新宁、武冈、邵阳等地。

自永州府城，经石期铺（今石期市）抵东安县（今东安紫溪镇），循三途往宝庆：或由石期市（明代设驿、清代设铺）经紫溪市、大庙口前往新宁、万塘至武冈州，或由白牙市经一渡水、塘田市抵宝庆府，或由芦洪市经花桥、邵阳五峰铺抵宝庆府（图 2-5-1）[①]。明嘉靖四十年（1561）问世的《湖广行盐》载：

据宝庆府所呈称，广东盐船，每年入境，以二百号计。而所由之路，必由梧州招平堡，至平乐府，入桂林府挂号，然后从小江峒装载，经行三十六堵，陆行一半，肩挑至永州府东安县投税。[②]

明崇祯十年（1637）初，地理学家徐霞客自赣入湘，四月二十九日泊舟黄杨铺（今冷水滩黄阳司）时提及："黄杨铺……西去东安界约三十里。西北有大路通武冈州，共二百四十里。"[③]

图 2-5-1　芦洪市斩龙桥，扼衡桂、永邵驿道，始建于宋庆历年间（1041—1048）

### 67. 东安广利桥

位于东安县紫溪镇花桥村，毗邻廊桥之乡——广西全州文桥镇（遗存古廊桥 22 座），桥名取"广济行人，万民便利"寓意。清乾隆三十八年（1773）文氏兄弟石昌、石宝建造，光绪二十年（1894）重修。全国重点文物保护单位。

广利桥仿宋制营造，长 36. 8 米，宽 4. 5 米，三孔石拱，拱高 6 米；迎水处呈尖钩状，与芦洪市斩龙桥相似，拱脚收薄至 0. 33 米，其上填充黄土，以分解洪流并减轻桥身负荷，即所谓"金鸡脚，豆腐腰"。

桥上为穿斗式木构，重檐长廊，中部及两端筑歇山顶阁亭，正脊和翼角置神像、麒麟、鳌鱼等泥塑，檐枋绘鱼状花纹。全桥布局疏朗匀称、古朴秀美，堪称多元文化交流融合的结晶（图 2-5-2）。

---

① 零陵地区地志编纂办公室：《零陵地区交通志》，长沙：湖南出版社，1993 年，第 39—40 页。

② （明）陈世锡：《皇明世法录》卷二十九《盐法》，台北：台湾学生书局，1986 年，第 855 页。

③ （明）徐弘祖：《徐霞客游记 · 楚游日记》，清嘉庆十三年叶廷甲增校本。

a)

b)

图 2-5-2　东安广利桥（高世祥 摄）

# 第六节　邵祁古道

邵祁古道分布于邵阳、邵东、祁东、祁阳等地。

邵祁古道自宝庆（今邵阳）鼓楼亭，经谷洲铺、神山铺、诸甲亭、泉口铺（今郦家坪）入祁阳（今祁东）境，继经香塘铺、文明铺达祁阳县城。明清时期，该道不仅是支线驿道，也是重要商道①。

邵祁交界处有一座明末修建的路亭——四板亭，东门归祁东，西门属邵东，各书半边“绝对”征联。西门上联“王路清夷，谁道哥哥行不得”（图2-6-1），东门下联“人托歇息，千年冀共水流长”。数百年来，过往士绅驻足亭前，吟哦玩味，捻须沉思，竟无一人对出。《中华对联大全集》将西门上联录入《难倒天下才士——中华绝对名联》一章。

图2-6-1　四板亭西门上联“王路清夷，谁道哥哥行不得”

### 68. 祁东青福桥

又名青硚福，位于祁东县官家嘴镇草源村，清同治九年（1870）邑人蒋世长募建，2019年7月毁于暴雨，筹备修复中。

桥长18米，宽3.5米，高4.5米；三孔石拱，砖木桥廊，两侧石条坐凳，单檐硬山顶，门楣镌刻“青礄福”（图2-6-2）。

---

① 祁阳县交通志编纂办公室：《祁阳县交通志》，长沙：湖南出版社，1994年，第34—35页。

a)（彭志摄）

b) 图 2-6-2 祁东青福桥（彭志 摄 衡阳市交通运输局 供图）

### 69. 邵东三多桥

位于邵东市简家陇镇堆头村，跨湘江支流蒸水上游，始建于明，清乾隆年间（1736—1796）始修为石墩木梁，同治癸酉（1873）增修桥亭，光绪甲辰（1904）改建为有亭石桥，1995 年修缮。桥名“三多”，意涵“山多青、水多秀、人文多起”。

桥长 18.5 米，桥面宽 4.1 米；三孔石拱，桥板中心雕四级环图，寓意“如意吉祥”；牌楼置瓷狮宝瓶，顶梁木雕双龙戏珠，桥上有碑刻 8 块、壁画 36 幅、诗对 20 首。联一云：“三楚有才，几辈茂陵词客到；多情系我，千条灞岸柳丝长。”联二曰：“三千路迢遥，马长卿题名去矣；多少人问讯，苏季子挟策归兮。”（图 2-6-3）

a)

b)

c)

图 2-6-3　邵东三多桥（刘琦 供图）

### 70. 邵东高志桥

位于邵东市简家陇镇愚公村，中华民国时期（1912—1949）修筑。长 14 米，宽 4.5 米；两孔石拱，通透式桥廊，马头墙置瓷质宝葫芦，屋脊安双龙戏珠雕塑，单檐硬山顶（图 2-6-4）。

旧时宝庆府有八条官道，从东南西北通往各地。其中一条自府城鼓楼亭东出，经石桥铺、云水铺、甘棠铺、官桥铺、皂塘铺至简家陇三都铺（今三都村）分途，前往衡州、祁阳等地，史称衡宝道，俗称“小东路”。

图 2-6-4 邵东高志桥
（刘琦 供图）

## 第七节 湘安古道

湘安古道分布于湘乡、宁乡、涟源、安化等地。

湘潭通安化的茶盐古道①，联结湘江、资江，贯通今湘潭、湘乡、宁乡、涟源、新化、安化等地，是旧安化前四乡中的常丰乡（今梅城、乐安、清塘、栗林、高明等地）、丰乐乡（今涟源桥头河、七星街、伏口等地）茶叶销往湘潭、长沙、汉口主通道，为湖南省级文物保护单位（图 2-7-1）。

鸦片战争后，红茶贸易大增，“粤商鼓帆取道湘潭，抵安化境倡制红茶”②。清咸丰五年（1855）湘乡设厘金局，以茶税为大宗。《湘潭经济史略》写道：“湘潭产茶仅能自足，却是湖南茶叶外销的中心，涟水上游安化、新化、湘乡所产之茶大多汇聚于此。”③

据清光绪《复修半排上乐善亭④碑记》，道光年间（1821—1850）陶澍、罗绕典曾由湘安古道往返安化、湘潭等地，“皆有题墨”。1917 年夏毛泽东沿该古道“游学”、做社会调查时，曾在乐善亭抄录门联：“刘为兄，张为弟，兄弟们，分君分臣，异姓结成亲骨肉；吴之仇，魏之恨，仇恨中，有忠有义，单枪匹马汉江山。”⑤

---

① 湘乡市交通局编：《湘乡市交通志》，长沙：湖南出版社，1992 年，第 26 页；宁乡县交通局编：《宁乡县交通志》，长沙：湖南出版社，1992 年，第 27 页。

② 前揭雷男等：《湖南安化茶叶调查·续言》，引自彭泽益编：《中国近代手工业史资料》，北京：中华书局，1962 年，第一卷，第 481 页。

③ 尹铁凡：《湘潭经济史略》，长沙：湖南人民出版社，2003 年，第 123 页。

④ 乐善亭，位今涟源市伏口镇半排村，始建于清康熙年间（1662—1722）。

⑤ 文热心，段云行：探访湘安古道：毛泽东、萧子升和涟源伏口“三罗”往事。新湖南，https://m.voc.com.cn/xhn/news/201812/14440178.html.

图 2-7-1 湘安古道上的涟源大坳岭卧云亭，由茶商邓起玉捐建（谭谈 摄）

**《复修半排上乐善亭碑记》**

自县城（今安化梅城）东行六十里，至久泽平（今安化久泽村）。自久泽平二十里，至伏口（今涟源伏口）。此二十里中，冈岭迴复，沙草岩松。拳曲黄赪，居户罕稀。往往夕日西坠，雾雨冥合，舆马迷乱，剽掠有闻。而其地通三面：南上衡宝，东度长沙，北绕资江下洞庭。行旅之繁，争萃于斯。

道光乙未（1835），贤侯蔡公构造茗亭，以饮渴者。见亭而栋，辟为崇厦。祠关社缪，于是循岭上下，烟火增密，□□□焉。乡先达陶文毅（陶澍）①、罗文僖（罗绕典）② 止憩其间，嘉念阙功，皆有题墨，距今七十年矣。岁时不饬，瓦破椽摧。阙君滨池、罗公圣和③等，慨善举之不可坠，贤侯之惠不可忘也，乃募资重建，并开通涂径，畚裂峻险，劀石平之。环亭前后，各赢十里。经始于癸卯（1903）六月，至甲辰（1904）仲冬，始克蒇事。计费缗七百七十有奇。

嗟呼！古者道路亭舍，原有专官，条狼氏、野庐氏、合方氏，遂师候人司险之职，皆以掌巡郊野，除治不利，迄秦而废。然□制有官寺，乡亭漏败，墙垣陀坏，犹令自劾。自魏晋后，官治民而不治地。所谓道路亭舍，所民之自为。而民之中，贤而急公者又少。于是道路秽塞，亭舍颓绝。欧西人以游历过者，至以此诋为半教之国。乃深叹中国古先圣王之法，非不善，而后世自失其传。致启欧西人之侮者，举类此也。然则是役虽小，中国之大，使皆推此意。行走亦何苦，而不可雪哉！蔡侯往矣，罗阙诸公，傥能心知其意乎？

曩余数过此，睹篷鹳之掩门，惧遗址之将陨。今重登是亭，水色山光，景物如昨，而气象顿改。因感念天下事，非不可为，废兴之故，全在乎人。秋风新起，听落叶蔌蔌有声，辄悠然四眺而意远也。

光绪三十一年（1905），岁次乙巳，仲秋月朔日，里人陈璟梅④谨记。

### 71. 宁乡惠同廊桥

原名会龙桥，也称惠同茶亭，位于宁乡市沙田乡沙田村、湘安古道上，始建于清道光十四年（1834），1927 年何叔衡长兄何玉书倡修桥亭。湖南省级文物保护单位。

---

① 陶文毅，即陶澍（1779—1839），湖南安化人，清代经世派主要代表人物，官至两江总督，赠太子太保衔，谥号“文毅”。

② 罗文僖，即罗绕典（1793—1854），湖南安化人，官至云贵总督，谥号“文僖”。

③ 罗圣和，罗驭雄祖父。罗驭雄与毛泽东均为湖南第一师范学院的学生。1917 年毛泽东曾游学到伏口并入住罗家。1938 年春，罗驭雄创办安化临时中学（今安化一中）。

④ 陈璟梅（1860—1921），清光绪十七年（1891）举人，字谔鲁，号遂园，曾任浙江布政使司文案、淮阳盐运使署盐场大使、湖南咨议局议员等职，著有《遂园文初编》《遂园文次编》。

a) (谢享凡 摄)

b)

c) (王政 摄)

图 2-7-2　宁乡惠同廊桥

桥长 22 米，宽 4 米，高 8.9 米，孔跨 5.8 米；两墩三孔，迎水面刻蜈蚣，石木混合梁，木构廊房。拱门镌刻清末举人岳蔗题联，桥东联曰：“一般春梦无痕，名利走红尘，劝过客喝些茶去；今日海疆多故，神仙到黄石，看传书谁上圯来。”桥西联曰：“天开小画图，双流涧口泉声，断岸悬虹围柳树；客来好风景，一笠波心亭影，淡烟飞翠点茶瓯。”(图 2-7-2)

1917年暑假，毛泽东、萧子升“游学”安化途中，曾在此亭与何叔衡等畅谈理想。1927年初毛泽东再来沙田，在茶亭与百姓交谈，为写作《湖南农民运动考察报告》收集材料①。

### 72. 涟源新车桥

位于涟源市石马山镇群英村，湘安古道上，跨温江水。桥始建于唐，扩建于元，清咸丰六年（1856）重修，是省内遗存中始建年代最早的廊桥。湖南省级文物保护单位。

桥长35米，宽5.6米；两墩三孔，悬臂挑梁，重檐桥廊覆小青瓦，神龛供奉关帝、关平、周仓塑像，两端及桥中建亭。桥北联曰：“春秋浩气光青史；日夜温泉下大江。”（图2-7-3）

a)(吴世梁 摄　李煌庆 供图)

b)(娄底市交通运输局 供图)

图2-7-3　涟源新车桥

① 王铭俊：宁乡丨惠同廊桥：长沙地区唯一留存的古廊桥，新湖南，https://www.hunantoday.cn/news/xhn/201910/14543489.html. 2022年10月，湖南都市频道根据作者在电视访谈中的建议，曾派人专程前往宁乡，实地考察了惠同廊桥，并在10月23日的《都市一时间·湖南古代廊桥保护现状调查》节目中播出。

### 73. 涟源观音桥亭

位于涟源市荷塘镇观音村，清咸丰年间（1851—1861）修建。

桥长22.6米，桥面宽5.4米，亭高4.35米；两孔石拱，砖砌封闭式漏窗桥廊，单檐硬山顶覆小青瓦。桥联书曰：“南来北往不求渡；骤雨狂风可避惊”“跋涉维艰宜少憩；沧桑变幻又回春。”（图2-7-4）

a)

b)

c)

图2-7-4　涟源观音桥亭（彭志 许佩 梁嘉兴 供图）

### 74. 娄星里仁桥

又名谢家桥，位于娄底市娄星区水洞底镇杨材村，清咸丰十年（1860）李志从、张珍瑞倡建，1930年重修。

桥长22米，桥面宽3.40米，通高9.9米；独墩两孔，木构桥廊，两侧栏杆坐凳，外架避雨板，重檐歇山顶（图2-7-5）。2019年3月，邑人曾敏毅作《悲吟里仁桥》：“凌空飞跨映青川，风雨经由褪婉然。但使行人仍便利，力衰无惧坠深渊。”

a)

b)

图2-7-5　娄星里仁桥（刘秋阶 李杰 摄 许佩 梁嘉兴 供图）

## 第八节 湘黔古官道南线

湘黔古官道南线分布于湘潭、湘乡、双峰、邵阳、洞口、武冈、绥宁、靖州、通道等地。

主道自长沙、湘潭、湘乡、永丰市抵宝庆府，继经紫阳驿、洞口市、武冈州、绥宁，或由靖州往贵州锦屏，或过通道至贵州黎平，沿途汇入多条支线。该道“横贯湘中，辐射西南，在军事、政治、经济、外交等方面皆有重要意义”①。

1928年竣工的湘潭至宝庆（简称潭宝）公路多循湘黔驿道旧迹，沿途建造永丰桥等现代桥梁，古桥大部不存（图2-8-1）。

图2-8-1 潭宝古官道遗存的双峰洪山殿镇龟灵桥，始建于明代

### 75. 双峰高桥

又称洲上桥，位于双峰县洪山殿镇高桥村，跨涞水河，清乾隆二年（1737）建造，道光二十年（1840）复修。

桥长20米，宽4米；两孔石拱，砖木桥廊，歇亭7间，马头墙墀头以彩绘、堆塑饰珍禽瑞兽、如意云纹图案；桥廊石刻“永禁车辗，违者罚究”“永禁乞丐者不许停留歇宿，并强丐者不得沿户索讨”“永禁堆积什物，违者罚钱贰仟四佰文正充公”等禁示（图2-8-2）。

清咸同年间（1851—1875），曾国藩统帅的湘军在湘乡、新化、安化招募兵丁，皆由高桥前往永丰集结。

---

① 蒋响元：《筚路蓝缕 以启山林——湖南古代交通史（史前至清末）》，北京：人民交通出版社股份有限公司，2020年，第410页。

a)

b)

图 2-8-2　双峰高桥（彭志 摄 伍婷婷 供图）

## 76. 双峰月龙桥

原名喜必桥，位于双峰县双峰山下，永丰镇月龙村，跨石牛河，始建于明崇祯年间（1628—1644），1921 年邑人王道四等捐建桥亭。2004 年重修时，改木梁为混凝土梁。

桥长 25 米，宽 4.5 米，高 3 米，两墩三孔，木构桥廊，神龛供奉庙王菩萨和杨泗将军，顶梁彩绘祥龙、阴阳鱼，重檐歇山顶（图 2-8-3）。

双峰山位于永丰镇南，双峰县因此得名。《双峰书院记》："乾隆二十五年（1760），知县倡议兴建

学舍，中里十六都（今双峰县境）人士共集银千余两，购买本（永丰）镇周家码头园地作校址，派人督修，翌年建成。因书院面对两峰峥嵘的双峰山，故取名‘双峰书院’。”

a)

b)

图 2-8-3 双峰月龙桥（彭志 夏小莫 摄）

## 月龙桥碑记

月龙桥原名喜必桥，始建于明崇祯年间①。古桥简朴，倚双峰山麓而接南岳一脉，扼衡湘要塞道达四海。商贾行人，络绎不绝。

民国年酉岁②，邑人王道四依梦龙之托，为首捐资新修桥亭，增其景观，名曰月龙桥。桥亭雕梁画栋，檐牙高啄，富丽宏伟。桥上清风徐来沁人心脾，两岸蛙鼓阵阵稻菽飘香，自为人们休憩之所。因年深月久，旧时风貌多有损伤。

今值太平盛世，百废俱兴，月龙村村委会为承接古代文化发扬光大，组织村民捐资捐料重修此桥。历时半年，大功告成，山河增色，春光不老，行者欢歌，息者怡然，诚一善举也。在新桥落成之际，为感谢上级政府、社会各界人士以及广大村民的大力支持，特立此碑，以记纪念。

永丰镇月龙桥村民委员会
二零零四年仲秋

① 1624—1644 年。

② 1921 年。

# 第九节　浏平古道

浏平古道分布于浏阳、平江（图 2-9-1、图 2-9-2）。

图 2-9-1　浏平古道平江段
（常立军 摄）

图 2-9-2　浏平古道旁的祖师岩陈真人庙

自蕉溪铺北行，过沙德桥，逾石洞岭，经淳口铺、洞庭滩、新安铺、社港，过黄泥界达平江，全

程石板铺砌。清康熙十二年（1673），吴三桂兵扰湖南，京桂驿道长沙、岳州段阻绝，改由湖北通城入平江，经由该道往浏阳、桂林等地。康熙十八年（1679）清兵克湖南，恢复长岳段驿递①。

### 77. 浏阳新安桥

位于浏阳市社港镇新安村，浏平古官道上，明成化十年（1474）寻京南所建，清嘉庆八年（1803）重修，2010 年修缮。湖南省级文物保护单位。

桥长 19 米，宽 4.5 米；单孔石拱，双柱支架式廊亭，居中一线铺青石板，以承土车，两边置座板；旁有寻姓村民立碑，上刻“明清祖遗古桥”“禁止推车，违者罚钱陆佰文”等字（图 2-9-3）。

a)（肖珑 摄）

b)（邓立波 摄）

图 2-9-3 浏阳新安桥

① 湘阳市交通局编：《浏阳市交通志》，长沙：湖南出版社，1993 年，第 31-32 页。

## 78. 浏阳高寿桥

位于浏阳市社港镇淮洲村，跨捞刀河支流，光绪年间（1875—1908）乡绅黄月卿倡建（图 2-9-4），2016 年增修桥亭（图 2-9-5）。因当地长寿者多，故名高寿桥。

图 2-9-4　高寿桥原貌
（彭立 供图）

图 2-9-5　修缮后的高寿桥
（杨中亮 摄）

桥长 11.3 米，桥面宽 7 米；单孔石拱，红砂岩材质，木构桥亭，桥面居中一线铺耐磨青石，供当时主要运输工具独轮车通行，两侧置座椅栏杆，重檐歇山顶。

# 第三章　资江流域廊桥

资江有赧水、夫夷水两源。赧水源出城步黄马界，经武冈、洞口、隆回，至邵阳双江口汇夫夷水始称资江；夫夷水源出广西资源猫儿山，经新宁、邵阳与赧水汇合。继而经新邵、冷水江、新化、安化、桃江，在益阳甘溪港注入洞庭湖，干流长653公里，流域面积28142平方公里。

资水中上游是传说时代蚩尤族人迁徙地，人文历史时期"长沙蛮""莫猺""峒獠""梅山峒""武冈猺"栖息地。这些土著族群，"衣制斑斓，言语侏离；出操戈戟，居枕铠弩；刀耕火种，摘山射猎，不能自通于中华。"① 诸族交流融合的历史进程中，孕育了神秘古朴、多姿多彩的地域性文化——梅山文化。

资江流域廊桥遗存156座，其中新化51座、安化34座，主要分布于湘黔古道、烟银特道、湘桂盐道、宝安益道和梅山茶马古道上。

## 第一节　湘黔古官道南线

湘黔古官道南线分布于湘潭、湘乡、双峰、邵阳、洞口、武冈、绥宁、靖州、通道等地。

该线跨湘、资、沅江，主道自长沙、湘潭、湘乡、永丰抵宝庆（图3-1-1），继而经紫阳驿、洞口市、武冈州、绥宁，或由靖州往贵州锦屏，或过通道至贵州黎平，沿途汇入多条支线②。其中，武冈是湘西南交通地理中心，素有湘桂门户、黔巫要地、三省通衢之称。

图3-1-1　潭宝官道要隘——湘乡万福桥（李群艺 摄）

① （清）道光《宝庆府志·摭谈·开远桥记》，清道光二十七年修民国二十三年重印本。

② （清）悭硿山馆：《湖南疆域驿传总纂》，清光绪十四年刻本。

明万历二十七年（1599），播州（今贵州遵义）土司杨应龙起事，“结生苗，夺五司七姓地，并湖广四十八屯”①。湘川黔总督李化龙在加强辰阳、酉阳守御的同时，责令武冈排年刘贵卿开辟由武冈经绥宁、靖州接贵州“新道”，由宝庆经武冈、绥宁、靖州至贵州铜鼓卫驿道自此开通，湖南省内里程为673里②。

### 1. 邵东洪桥

位于邵车市牛马司镇洪桥村，跨邵水，明正德元年（1506）建造，清道光四年（1824）重修。湖南省级文物保护单位。

桥长68米，宽6.7米，高8米；六孔石拱，拱跨9.25米；木构廊亭，青石铺面，桥沿石雕鸳鸯、双狮抢宝、麒麟、棋盘等图，中设七圣殿，两端砖砌牌楼。桥碑序云：“砌桥石大而坚，其琢磨细而致，洵乎华实，翘然高拱，耸然特立，焕乎若长虹，东达京省，西通云贵，士民辐辏所必经，车马络绎而不绝，诚为要津。”（图3-1-2）

a)

b)（贺容祥 摄）

图 3-1-2

① 《明史·李化龙传》，清乾隆武英殿刻本。

② 蒋响元：《筚路蓝缕 以启山林——湖南古代交通史（史前至清末）》，北京：人民交通出版社股份有限公司，2020年，第366页。

图 3-1-2 邵东洪桥 c) (王晓希 摄)

洪桥自古以来为宝庆通长沙要隘，俗称“东大路”。洪桥铺东西两街各长 500 余米，驿馆、客栈、书院、药房、商铺、盐栈、油坊、染坊、布坊等一应俱全，长沙、衡阳、湘潭以及云、贵、川、赣、闽、浙、苏等地客商云集于此，商业繁茂一时。

### 2. 邵东下板桥

位于邵东市流泽镇丰宜村，1928 年建造。单孔石拱，硬山顶桥亭设于一端（图 3-1-3）。有对联曰：“上板桥下板桥名叫拱桥喊板桥；上江冲下江冲名叫斤冲喊江冲。”

图 3-1-3 邵东下板桥（彭志 摄）

### 3. 邵阳江东桥亭

位于邵阳县长乐乡江东村，跨架冲、井眼两水汇合处，始建于唐末五代，清康熙五十二年（1713）重建，乾隆五十七年（1792）、1914 年复修，1987 年改木梁为混凝土梁。

省内唯一廊亭、石梁分跨两水的组合桥梁，全长 37. 6 米。其中，跨架冲水桥亭，长 19. 6 米，宽 3. 6 米，两墩三孔，木构廊亭，单檐悬山顶；跨井眼水石梁，长 18 米，宽 1. 2 米，三墩四孔。乾隆五十七年碑云：“江东左右双溪石木两桥，由来旧矣，左古木桥康熙五十二年重修，并建亭于上，以为上下关锁。”（图 3-1-4）

a)

b)　图 3-1-4　邵阳江东桥亭（高鹏 摄）

### 4. 邵阳江边李家桥

位于邵阳县塘渡口镇江边村，跨野鸡江。据李氏族谱，为明永乐十三年（1413）李氏从江西泰和迁来此地时建，嘉靖三十一年（1552）、清雍正元年（1723）和1925年多次修缮（图3-1-5），2012年改木构为混凝土廊桥（图3-1-6）。

图 3-1-5　江边李家桥原貌（邵阳市交通运输局 供图）

图 3-1-6 重修后的江边李家桥（高鹏 摄）

桥长 13.7 米，桥面宽 3.62 米，独墩两孔，单檐悬山顶盖琉璃瓦。

### 5. 隆回仙磴桥

位于隆回县六都寨镇，跨辰水，始建于明代，1934 年重修，1990 年改建混凝土梁。

桥长 49 米，桥面宽 4.8 米，两墩三孔，中建六角攒尖亭阁，牌楼泥塑彩绘龙凤、瑞兽、人物，包括“二龙戏珠”“岳母刺字”“桃园结义”“八仙聚会”及飞虎、大象、仙鹤等，门额堆塑 1934 年邵阳县长杨绩荪题写的“仙磴桥”，造型生动，工艺精湛。联曰“欲上高堤暂坐长亭歇片刻；再跨大步常怀远景展鹏程”“群峰入座两水奔来听我评今古；大坝连云万灯迸出凭他换地天”。(图 3-1-7)

a)

图 3-1-7

b)

图 3-1-7　隆回仙磴桥（邵阳市交通运输局 供图）

**6. 隆回横溪桥**

位于隆回县六都寨镇横溪村，中华民国时期（1912—1949）建造。独根石柱，木构廊亭，单檐悬山顶。（图 3-1-8）。

a)

图　3-1-8

b)

图 3-1-8 隆回横溪桥（彭志 摄）

### 7. 隆回镇安桥

位于隆回县大水田乡太源村，光绪八年（1882）邑人谷旦修建。单孔两台，木构廊亭，单檐悬山顶。桥头联曰：“物华天宝生紫气，人杰地灵聚祥光。”（图 3-1-9）

太源村位于雪峰山中段白马山东麓，境内省级自然保护区——打鸟坳位于鸟类迁徙通道，设有屏风界候鸟观测站。2006 年 4 月，中日鸟类环志研讨会在此举行，共环志鸟类 26 科 95 种。

a)

图 3-1-9

b)

图 3-1-9　隆回镇安桥（邵阳市交通运输局 供图）

**8. 隆回朴塘桥**

又名破浪桥，位于隆回县岩口镇朴塘村，跨朴塘水，附近开通寺僧人于元明之际始建木桥，后历经多次重修补修，1995 年改建为混凝土梁，桥面以上维持原貌。

桥长 69 米，桥面宽 3.6 米，五墩六孔，桥亭 27 开间，重檐歇山顶。联曰：“朴水南瞻一道虹霓横南北；龙山远瞩千行雁字分东西。”（图 3-1-10）

a)（刘家玮 摄）

图　3-1-10

b)（阳琼 摄）

图 3-1-10 隆回朴塘桥

神龛供奉关帝，香火兴旺。每年农历五月十三关帝生日，桥上都会举行庙会，摆长龙宴，善男信女齐诵关圣帝经，非常热闹。

### 9. 隆回青龙桥

又称石屋冲风雨桥，位于隆回县岩口镇石屋村，跨岩口河，乾隆二十五年（1760）建造，嘉庆元年（1796）复修，1991 年重建。

桥长 27.15 米，桥面宽 3.58 米，两墩三跨，混凝土梁上建抬梁式桥廊，13 开间，神龛供奉关帝，单檐悬山顶（图 3-1-11）。

图 3-1-11 隆回青龙桥（马一鹰 摄）

### 10. 隆回马家桥

位于隆回县岩口镇马家桥村，始建于清乾隆年间（1736—1796），1948 年重修，由当地马、萧两姓合建。

桥长 15.8 米，桥面宽 4.2 米，单孔净跨 9.5 米，两台无墩，上架 7 根圆木为梁，木构桥廊，四柱九檩五开间，单檐悬山顶（图 3-1-12）。

a)

b)

图 3-1-12　隆回马家桥（陆显中 摄）

### 11. 洞口涡潭桥

位于洞口县杨林镇山下村，始建于清光绪年间（1875—1908），2021 年复修。

桥长 38 米，桥面宽 5.8 米，16 开间，两墩三孔，伸臂式木构，两边置栏杆坐凳，重檐悬山顶（图 3-1-13）。

a)涡潭桥原貌(彭志 摄)

b)维修后的涡潭桥(邵阳市交通运输局 供图)

图 3-1-13　洞口涡潭桥

## 12. 洞口新兴桥

位于洞口县桐山乡，始建年代不详。

桥长16.3米，宽6米，单孔两台，木构廊亭，两边置栏杆坐凳，板壁彩绘“八仙过海”图案，重檐悬山顶（图3-1-14）。

图3-1-14　洞口新兴桥（邵阳市交通运输局 供图）

## 13. 武冈滩里桥

又名关凤桥，位于武冈市邓家铺镇大田村，跨龙江水，清咸丰六年（1856）建造，1917年重修（图3-1-15）。

桥长25米，桥面宽4.35米；独墩两跨，木构桥亭，中建六角攒尖顶阁楼，神龛供奉关羽、关定、周仓神像，梁柱阴刻补修题记，两端筑庑殿顶牌楼，桥北竖锥形“流芳百世碑”。

发祥于此的非物质文化遗产“滩里水龙灯”（图3-1-16），是荆楚、黔巫文化的交流结晶，也是湘西南唯一自7世纪存续至今的大型综合性灯笼龙活动，包括了放排、扎织、灯绘、制烛、舞蹈、山歌、民乐、巫祭等传统技艺，具有强烈的地域和民俗文化特色。

图 3-1-15　滩里桥（彭志 摄）

a)

图　3-1-16

图 3-1-16 桥头水龙灯（段贤松 摄）

b)

### 14. 武冈金盘风雨桥

位于武冈市邓家铺镇金盘村，始建于明末，清同治四年（1865）重修。两墩三孔，伸臂式木构，重檐悬山顶（图 3-1-17）。

图 3-1-17 武冈金盘风雨桥（王政 摄）

### 15. 武冈好溪桥

位于武冈市荆竹镇花桥村，跨好溪水，清道光三年（1823）建造，1981 年复修。独墩两孔，伸臂式木构，重檐歇山顶（图 3-1-18）。

图 3-1-18　武冈好溪桥（王政 摄）

### 16. 武冈化龙桥

又名化士桥，位处武冈城区，跨渠水，明隆庆五年（1571）建造，清康熙元年（1662）复修，嘉庆十八年（1813）补修，同治八年（1869）毁于火，同治十年（1871）重修。1992 年，武冈市佛教协会经市府批准借用该桥名，将桥上的观音阁改名为化龙寺。

桥长 28 米，宽 20 米，四孔等跨，石墩木梁，桥面铺有石板，中间设观音阁，单檐硬山顶，南侧建木栅栏杆，设板座供行人休息；两端砌青砖牌楼，门额阴刻“化龙桥”（图 3-1-19）。

图 3-1-19　武冈化龙桥（王政 摄）

### 17. 绥宁何姑桥

位于绥宁县武阳镇武阳村，跨蓼水，始建于宋末元初，清同治三年（1864）重建；1912 年被匪首陈汉山焚毁，1918 年乡绅黄文龙、杨甘霖牵头复修；1973 年水毁，2011 年重修。

桥呈船形，有船形桥配船形街之说；长 14 米，宽 7 米，单孔石拱，上建三层木构六角攒尖阁亭，雕梁画栋，甚为壮观（图 3-1-20）。

图 3-1-20 绥宁何姑桥（邵阳市交通运输局 供图）

红军长征时，贺龙、萧克率部经过武阳，曾宿息老街和何姑桥①。

## 第二节 烟银特道

烟银特道分布于洪江、绥宁、洞口、隆回、邵阳等地。

清至民国，洪江—硖口（今洞口）—宝庆驿道成为“特货（鸦片、银洋）”运道，史称“烟银特道”。

云贵鸦片在洪江集散后，走长寨，穿龙船塘，过田心坪，越八面山，出板栗湾，经岩鹰界入洞口境；再经宝瑶，过摞木隘，走苦楝树，穿丝茅塘，越狗爬岩至硖口交接；继沿湘黔驿道经高沙、黄桥铺、岩口铺至宝庆分流：小部分运至湘潭、长沙，其余由两市塘间道，经衡州、耒阳至汝城大汶圩场（湘、赣、粤烟土交易中心）分销②。

烟土贩运由官府专营，以“特货”名义派兵分段护送。洪江驻军护运鸦片至硖口，将银洋接运洪江；宝庆驻军则将银洋护运至硖口，接运鸦片返回，来回有货。运送鸦片、银洋的分别叫烟帮、银帮，均在硖口贸易，故硖口设有巡检司、厘金局等机构③，至今仍有“衙门前”“税门前”旧名。

中华民国期间（1912—1949），云贵每年向洪江输出鸦片 3 万担（约 75 斤为 1 担）以上，洪江特税收入约占全省特税收入的 45%，几乎达到宝庆、常德、津市、汝城、绥宁等处税收总额④。

---

① 蒋剑平，冒蕞：《何姑桥重放光华》，《湖南日报》，2011 年 11 月 04 日第 05 版。

② 湖南省地方志编纂委员会：《湖南省志·交通志·公路》，长沙：湖南出版社，1996 年，第 59 页。

③ 《清史稿·地理志》载宝庆府武冈州：“硖口、石门司二巡司”。中华民国十七年（1928）排印本。

④ 蒋响元：《筚路蓝缕 以启山林——湖南古代交通史（史前至清末）》，北京：人民交通出版社股份有限公司，2020 年，第 420-421 页。

### 18. 洞口仙鸡桥

位于洞口县高沙镇长青村，修建年代不详。两墩三孔，伸臂式木构，重檐歇山顶。该地古有仙纪窑，以瓦罐出名（图3-2-1）。

a)(王政 摄)

b)(欧阳远新 供图)

图3-2-1 洞口仙鸡桥

### 19. 洞口水东桥

又名红军桥，位于洞口县水东镇杨湾村，跨黄泥江，始建于明末，清同治四年（1865）重修，省内遗存最大的木梁廊桥。

桥长86米，宽5米，八墩九孔；木构桥廊设39排柱架，中建重檐亭阁，神龛供奉杨泗将军，两端牌楼装饰各种彩绘、泥塑、木雕（图3-2-2）。

a)

b)

图3-2-2 洞口水东桥（滕治中 摄 欧阳远新 供图）

1945年春夏雪峰山会战期间，国民革命军第74军与日军第116师团在水东桥一带激战10余天，最后日军师团溃败，撤向邵阳。

## 20. 洞口花桥

位于洞口县醪田镇花桥村。独墩两孔，木构桥廊，单檐悬山顶。该村老街原有一座始建于明末廊桥，重檐长廊，装饰华丽，木雕、泥塑、彩绘丰富（图3-2-3）。

图3-2-3　洞口花桥（王政 摄）

## 21. 洞口洛阳桥

位于洞口县石江镇同庆村，清乾隆元年（1736）建造，道光五年（1825）、咸丰十年（1860）复修。桥长18米，宽4米，高5米，独墩两孔，抬梁式木构，两侧设护栏坐凳，两端建重檐桥亭（图3-2-4）。

a)

图　3-2-4

b)

图 3-2-4　洞口洛阳桥
（欧阳远新 摄）

### 22. 洞口石江红军桥

位于洞口县石江镇七姓塘社区，跨平溪水支流，清代建筑，2015 年重修。独墩两孔，木构桥廊，重檐歇山顶。

1935 年 12 月 19 日，萧克率红六军团直属机关和十七师指战员经隆回县横板桥抵石下江（今石江）短暂驻扎。萧克指挥所设在新街上，十七师师长吴正卿带领部分红军借宿武安宫①。当地留下了红军桥、红军街、红军标语墙、红军烈士墓等遗迹（图 3-2-5）。

图 3-2-5　洞口石江红军桥（邵阳电视台 摄）

① 红军长征过石江。洞口党建网，https：//www.dkdj.gov.cn/content/2006/08/24/12817591.html

## 23. 洞口双龙桥

位于洞口县岩山镇双龙村，湘黔古道要隘，清乾隆八年（1743）建造，1917 年复修。因大屋、渣坪两溪交汇于此，似双龙戏水，故名双龙桥。

桥长 50 米，宽 5.4 米；两孔不等跨石拱，抬梁式木构，重檐歇山顶；中建亭阁，正脊饰鳌鱼翘角，卷棚檐，阁内覆盆藻井，彩绘山水、鸟兽，神龛供奉观音土地；牌楼上书“双龙桥”，脊顶塑“双龙抢宝”，檐下饰飞禽走兽与人物、花草彩绘；全桥雄伟壮丽，集桥屋建筑装饰艺术之大成（图 3-2-6）。

a)

b)

图 3-2-6 洞口双龙桥（欧阳远新 供图）

### 24. 洞口青龙桥

位于雪峰山下，洞口县岩山镇桐叶村，1940 年建造，2001 年复修。

桥长 9.9 米，宽 5 米，高 4.8 米；单孔两台，重檐桥廊，两端重檐庑殿顶阁亭；翘尖雕塑凤鸟，寓意象耕鸟耘，古朴典雅（图 3-2-7）。

a)

b) 图 3-2-7 洞口青龙桥（欧阳远新 摄）

### 25. 洞口花园红军桥

原名清溪桥，位于洞口县花园镇黄金村，扼蓼溪关，跨蓼水河，清嘉庆年间（1796—1820）建造。1966 年省道改线，墩上木构被拆，2001 年重修时改建混凝土梁。

桥长95米，桥面宽6.5米；七墩八孔，桥廊由25排木架支撑，两边设16处观景台，单檐悬山顶盖小青瓦；两端和桥中建有重檐阁亭，六角攒尖，两端悬“红军桥”匾额（图3-2-8）。

a)

b)

图3-2-8 洞口花园红军桥（刘和英 摄）

1935年12月，红二、六军团长征途经花园，地方民团为阻止红军过河，将桥面木板悉数拆除。红军在此停留期间，又将桥板全部铺好。

### 26. 洞口红桥

又名红珠桥，位于洞口县江口镇红桥村，清嘉庆年间（1796—1820）建造，1912 年复修，2020 年重修。

原桥长 25.7 米，宽 5.25 米，高 4.5 米；两墩三孔，木构桥廊，单檐悬山顶，两侧设栏杆板凳（图 3-2-9）。重修时桥墩、桥梁改建为混凝土结构，小青瓦改铺琉璃瓦，单檐改重檐，其余基本维持原貌（图 3-2-10）。

图 3-2-9　洞口红桥原貌

图 3-2-10　重修后的洞口红桥（邵阳市交通运输局 供图）

## 27. 洞口大溪亭子桥

位于雪峰山腹地，洞口县渣坪乡大溪村，清代建成，2020 年重修。

原桥长 15 米，宽 4 米，高 5 米，单孔两台，抬梁式木构，神龛供奉杨泗将军，单檐悬山顶覆小青瓦（图 3-2-11）。重修时改建混凝土梁，重檐木构桥廊，上书“幸福亭”（图 3-2-12）。

图 3-2-11 洞口大溪亭子桥原貌

图 3-2-12 重修后的洞口大溪亭子桥（邵阳市交通运输局 供图）

## 28. 洪江太平桥

位于雪峰山腹地、洪江市塘湾镇文峰村，洞口通洪江要隘，跨平溪江上游，清代建筑，2003 年重修时改建混凝土梁。

两墩三孔，木构廊亭，神龛供奉着唐僧和孙悟空等雕像，两壁墨书民国乡绅易孔璋名言警句，其中“讨一房好贤妻，生两个贤孝儿，一乐也；不欠他人之债，不做亏心之事，二乐也；说几句笑谈话，唱几句无名戏，三乐也”尤为看客称颂（图3-2-13）。

图3-2-13　洪江太平桥（王战崎 摄）

### 29. 绥宁杨家桥

又名红军桥，人文桥，位于绥宁县黄土矿镇同乐村，跨黄土矿河，明万历年间（1573—1620）建造，清道光年间（1821—1850）复修（图3-2-14），2011年修缮（图3-2-15）。

图3-2-14　绥宁杨家桥原貌（邵阳市交通运输局 供图）

图 3-2-15 修缮后的绥宁杨家桥（邵阳市交通运输局 供图）

桥长 20 米，宽 4 米，高 4.5 米；两墩三孔，木构桥廊，重檐庑殿顶，中建重檐攒尖阁亭。

1935 年 12 月，红二军团长征路过该桥。鸡公坡战斗中身负重伤的红二军团五师师长贺炳炎在没有麻药的条件下，在同乐村彭家祠堂紧急施行木锯截肢手术，成为著名的独臂将军①。

### 30. 绥宁赖家坊桥

位于绥宁县唐家坊镇赖梅村，跨田洞溪流，清同治五年（1866）建造，1945 年、1985 年维修。

桥长 18 米，宽 4.6 米；单孔石拱，中筑阁楼，重檐悬山顶，中建重檐阁亭，上书“风雨桥”（图 3-2-16）。

a)

图 3-2-16

① 《贺炳炎忍痛断臂—“红军在绥宁”的故事⑤》，《邵阳日报》，2019 年 7 月 5 日第 1 版。

b)

图 3-2-16 绥宁赖家坊桥（王政 摄）

## 第三节 武冈—桂林盐茶古道

武冈—桂林盐茶古道分布于武冈、城步、龙胜等地。

自武冈城往南，过木瓜桥，经城步西岩、儒林，跨荣昌桥，走汀坪，穿杨梅坳，入龙胜厅，继而经江底、越才喜界入灵川境，复循新寨、潭下圩、甘棠、定江，抵桂林府城①。行商挑夫将茶叶、药材等贩往桂林，换回盐、糖等用品，20 世纪 50 年代后逐渐没落。

清道光十八年（1838）官府在杨梅坳设盐卡，后更名湖南省盐局宝庆粤税专局杨梅坳盐卡。年轻时往返桂林挑盐、后任湖北郧阳总兵的龚继昌（1831—1889，城步西岩镇人）曾捐资修该道。

### 31. 武冈高桥

位于武冈市安乐乡高桥村，跨资水上游支流。

桥长 15 米，宽约 5 米；三孔石拱，木构桥廊，重檐庑殿顶，神龛供奉观音，门额横书“砥柱中流”（图 3-3-1）。

a)

图 3-3-1

① 唐克勤主编：《武冈县交通志》，郑州：中州古籍出版社，1991 年，第 27-28 页。

b)

图 3-3-1 武冈高桥（黄腾飞 摄）

### 32. 武冈木瓜桥

又名红军桥，位于武冈市邓元泰镇木瓜村，跨资江，清康熙五十年（1711）建造，同治八年（1869）重修。湖南省级文物保护单位。

桥长 44 米，宽 4.7 米，高 8 米；四墩五孔，伸臂式木构，石板桥面，桥廊 12 排架，神龛供奉观音、关帝和杨泗将军，门额泥塑“木瓜桥”，联曰：“木叶落亭前，际资水秋深，夜雨横飞圃树；瓜田连岸畔，看平原草绿，朝烟遥接板云。”（图 3-3-2）

1930 年 12 月 25 日，邓小平、张云逸率红七军北上武冈时途经此桥。红军战士留在桥头的红土楷书“共产万岁”，清晰依旧①。

1945 年 5 月雪峰山会战期间，国民革命军第 94 军从贵州镇远移师武冈，在木瓜桥设前敌指挥部，阻截日军。

---

① 杨峰：《萝卜眼里长铜钱》，《湘潮》，2012 年第 2 期。

a)

b)

图 3-3-2

c)

图 3-3-2　武冈木瓜桥（青松 金凯 摄）

### 33. 城步花桥

原称虎溪桥，位于城步苗族自治县西岩镇花桥村，元大德八年（1305）建造，明万历二十三年（1595）重修，2019 年整修。

该桥是有确切纪年、资江流域遗存最早的风雨桥（图 3-3-3）。

a)

图　3-3-3

b)

图 3-3-3　城步花桥（王政 摄）

## 34. 城步江口桥

位于城步苗族自治县威溪乡江坪村，跨两河口，清乾隆年间（1736—1796）建造，2017 年重修。单孔石拱，木构桥廊，重檐歇山顶，中间建有四角攒尖阁亭（图 3-3-4）。

图 3-3-4　城步江口桥（王政 摄）

# 第四节 新宁—全州盐茶古道

新宁—全州盐茶古道分布于新宁、全州，是沟通湘资上游的捷径，古为盐巴入资江、茶叶销岭南的重要商道。该道由新宁金石循资江东源夫夷水河谷，经肖市，越石田隘，抵广西全州西延（今资源县境内）大埠头；或走崀山，逾盆溪隘，过八十里山关，入全州大西江，达湘江、宜湘河交汇之庙头商埠①。

八十里山关又名军防口，素为湘桂要隘（图 3-4-1）。明清皆在此置营堡、配戍兵，扼控“峒蛮”。南明永历元年（1647）八月清军进逼武冈，永历帝携朝臣宫眷匆忙南逃，经八十里山关入桂。1931 年 1 月 1 日，红七军自新宁过军防口，攻取全州。1944 年 9 月 13 日，日军第 40 师团自新宁取道该关偷袭全州，同时第 58 师团自东安攻击前进，守卫全州的国民革命军第 93 军疏于防备，不得已撤往桂林。

图 3-4-1 湘桂要隘——全州八十里山关关口（唐国辉 摄 唐女 供图）

### 35. 新宁太平桥

位于新宁县金石镇李家塘村，跨长湖水，始建于明嘉靖年间（1522—1566），1940 年重修。

桥长 35.35 米，桥面宽 4.45 米；两墩三孔，木构廊亭，单檐歇山顶，神龛供奉关帝和土地，覆瓦镌刻“太平桥”铭文（图 3-4-2）。

太平桥上先后走出 2 位晚清大臣——直隶总督刘长佑和两江总督、南洋通商大臣刘坤一。

---

① 《邵阳市交通志》编纂办公室：《邵阳市交通志》，郑州：中州古籍出版社，1991 年，第 22 页。

图 3-4-2 新宁太平桥
（全凯 摄）

### 36. 新宁柳山廻龙桥

位于新宁县金石镇柳山村，跨夫夷水支流新寨河，与长湖水在附近汇合，故名廻龙桥。明崇祯元年（1628）建造，清光绪二十四年（1898）重修；1945 年日军撤退时焚毁桥面，战后修复。

桥长 78 米，桥面宽 3.8 米，五墩六孔，伸臂式木构，桥廊 34 开间，中亭略高，神龛供奉关帝和土地（图 3-4-3）；覆瓦镌刻“廻龙桥”，表明该瓦乃是本桥专用，这种方式鲜见于其他廊桥（图 3-4-4）。2009 年 11 月 19 日，廊桥专家刘敦桢先生之子、东南大学刘叙杰教授回新宁探亲，考察了该桥。

图 3-4-3 新宁柳山廻龙桥（郑国华 摄）

1930年12月30日，红七军转战新宁。先遣部队至廻龙桥时，为免辎重损坏桥梁，在桥碑写下“本部不过桥”等标语（图3-4-5）。

图3-4-4　覆瓦镌刻“廻龙桥”
（邵阳市交通局 供图）

图3-4-5　红七军在桥碑留下的“本部不过桥”标语
（邵阳市交通运输局 供图）

### 37. 新宁大兴桥

位于新宁县金石镇大兴村，始建于明代，历经多次修缮。

两墩三孔，伸臂式木构，重檐硬山顶，两端马头墙，神龛供奉关帝、关平、周仓和土地公婆（图3-4-6、图3-4-7）。

图 3-4-6　新宁大兴桥原貌（邵阳市交通局 供图）

a)

图　3-4-7

图 3-4-7 维修后的大兴桥（彭志 全凯 摄） b)

## 38. 新宁龙潭桥

位于新宁县金石镇龙潭村，跨新寨河，清乾隆年间（1736—1796）建造。1945 年日军撤退时烧毁桥亭，战后重修，1986 年修缮。

桥长 68.4 米，桥面宽 4.64 米；四墩五孔，桥墩迎水面镌刻龟、蛇浮雕，六层蜂窝式井架组成伸臂梁；桥廊分 33 开间，重檐悬山顶，神龛供奉关公、土地和龙王，桥端墨书“上达黔滇 下抵湘粤”。(图 3-4-8)

a) (曾毅 摄)

图 3-4-8

b)(仲龙根 摄)

图 3-4-8　新宁龙潭桥

## 39. 新宁肖市迴龙桥

位于新宁县崀山镇肖市村，始建年代不详，清嘉庆九年（1804）改木梁为石拱桥亭。

桥长 11 米，高 9 米，宽 4.5 米；单孔石拱，木构桥廊，重檐歇山顶，两端和桥中建亭。联曰："水伴青山山伴水；桥依岸树树依桥。"（图 3-4-9）

a)

图　3-4-9

b)

图 3-4-9 新宁肖市迴龙桥
（彭志 陈贻君等 摄）

肖市原名“肖家湾”，因交通之便，商贾云集，改称“肖市”。1934 年 8 月，国民党军第四路军前敌总指挥刘建绪“追剿”红六军团，沿湘桂边境设立的第一道封锁线，即从新宁县城起，经七星桥、肖家湾（今肖市）、窑上、豆子坪、唐家园、五里渡，至城步县城。

### 40. 新宁承天桥

又名红军桥，位于新宁县崀山镇船形村，清同治年间（1862—1875）修建。桥长 35 米，宽 4.5 米，三墩四孔，木构桥廊，重檐歇山顶（图 3-4-10）。

图 3-4-10 新宁承天桥（彭志 摄）

1930 年 12 月底，红七军从新宁转战广西全州时经过此桥，伤员和女兵夜宿桥上。1934 年 12 月初，中央红军红二师一部在船形村土寨岭击退国民党军队后，在承天桥及附近露营（图3-4-11）。

图3-4-11　桥上聆听红军故事
（杨飞萍 摄）

### 41. 新宁新桥风雨桥

又称红军桥，位于新宁县水庙镇新桥村。两墩三孔，伸臂式木构，单檐悬山顶，两端和桥中建重檐阁亭（图3-4-12）。

a)

图　3-4-12

b)

图 3-4-12 新宁新桥风雨桥（彭志 金凯 摄）

1934 年 12 月，中央红军一部途经该桥进入城步。

## 第五节 永邵盐道

永邵盐道分布于东安、新宁、武冈、邵阳等地。

明清时期，永州府经由东安通到宝庆的路线大致有 3 条：由石期市经紫溪市、大庙口往新宁、万塘至武冈州[①]；由白牙市经一渡水、塘田市抵宝庆府；由芦洪市经花桥、邵阳五峰铺抵宝庆府。

永邵盐道遗存的风雨桥，主要分布资江流域（图 3-5-1、图 3-5-2）。

图 3-5-1 新宁一渡水镇西村坊风雨桥（罗群花 摄）

① 唐克勤主编：《武冈县交通志》，郑州：中州古籍出版社，1991 年，第 27 页。

图 3-5-2　一渡水镇三渡水古牌楼（邓勇飞 摄）

## 42. 邵阳六里桥

位于邵阳县五峰铺镇六里桥村，跨邵水支流檀江，清道光十六年（1836）建造，由太学生、奉政大夫吕腾蛟垂暮之年主修。

桥长 40 米，宽 5.5 米；三孔石拱，砖木桥廊，西侧砖墙封闭，东侧为开敞栏杆；桥端额书“六里桥”“一品当朝，天官赐福”（图 3-5-3）。

图　3-5-3

a)（李爱平 摄）

b) (邹利俊 摄)

图 3-5-3 邵阳六里桥

**43. 邵阳花园桥**

位于邵阳县塘田市镇老街，跨夫夷水支沅，清道光二十五年（1845）建造，光绪十九年（1893）、1934 年修缮；为增加耐久性，1985 年改木梁为混凝土梁。

桥长 17.6 米，宽 5.5 米；独墩两孔，重檐桥廊，梁上书写着道光二十五年和光绪十九年题款，横梁置“风调、雨顺、人杰、地灵”字匾，藻井彩绘阴阳鱼，中建阁亭，神龛供奉关帝和土地（图 3-5-4）。

a)

图 3-5-4

b)

c)

图 3-5-4 邵阳花园桥（邵阳市交通运输局 供图）

附近的塘田市战时讲学院，原为清末太子少保席宝田别墅，1938 年历史学家吕振羽回乡创办讲学院，现为全国重点文物保护单位。

### 44. 邵阳莲花桥

位于邵阳县白仓镇石牛村，跨夫夷水支流白仓水，清咸丰七年（1857）建造。1994 年水毁，次年重修时改筑混凝土梁（图 3-5-5），2011 年改小青瓦为琉璃瓦（图 3-5-6）。

图 3-5-5 2011 年前的邵阳莲花桥

原桥长 8 米，宽 4 米，单孔两台，木石结构，上建三檐阁亭；现桥长 9.4 米，宽度增加到 6 米。大修功德碑联曰：“莲花桥日新月异放光彩，捐献者子孙万代成栋梁。”

图 3-5-6 2011 年大修后的邵阳莲花桥（邵阳市交通运输局 供图）

### 45. 邵阳源头桥

位于邵阳县河伯乡源头村，跨源头水，清光绪七年（1881）邑人陈氏建造，1985 年维修时改建为混凝土梁。

桥长 35 米，宽 4.6 米，高 4 米；三墩四孔，木构桥廊，中设关圣殿，上建重檐阁亭，屋脊翘角堆塑祥瑞动物。联云“奔前程停停从容步出；息心事想想茅塞顿开”“把酒涤襟任潮起潮落世事尘红心境澄似源头水；凭栏舒画看桥南桥北田园风光胸怀宽如河伯山。”（图 3-5-7）

a)

图 3-5-7

图 3-5-7 邵阳源头桥
（曾贵志 摄）

b)

### 46. 新宁栗山桥

位于新宁县黄龙镇栗山村，武冈、新宁通东安要道上，清嘉庆八年（1803）建造，主墨工匠年仅18岁，1994年重修。

桥长14.6米，桥面宽4.1米；单跨两台，穿斗式木构；短柱、脊爪柱为云拱加大斗代替，云拱双鱼形，架梁龙头形；重檐歇山顶，中间建有重檐四角攒尖阁亭，神龛供奉关公土地，石碑镌刻“新（宁）东（安）要道”（图3-5-8）。

a)

图 3-5-8

b)

图 3-5-8 新宁栗山桥（彭志 严均 摄）

## 47. 新宁迴溪桥

位于新宁县一渡水镇西村坊村，跨回溪水，清嘉庆二十一年（1816）建造。

桥长 21.6 米，桥面宽 3.66 米；独墩两孔，伸臂式木构，廊架使用曲梁、驼拱，梁枋或雕或镂，梁面回纹装饰，图案古拙，工艺精湛，堪称雕塑艺术佳作；上建 3 座阁亭，桥端匾书“回溪桥”或“西村坊”，神龛供奉关公土地，重檐歇山顶（图 3-5-9）。

a) (邓勇飞 摄)

图 3-5-9

b)(金凯 摄)

图 3-5-9 新宁迴溪桥

## 48. 新宁笑岩风雨桥

位于新宁县靖位乡笑岩村，建造年代不详。桥长 20 米，独墩两孔，悬臂式木构，单檐悬山顶（图 3-5-10）。

图 3-5-10 新宁笑岩风雨桥（彭志 摄）

### 49. 新宁罗洪桥

位于新宁县万塘乡罗洪村，新宁通武冈古官道上，清乾隆年间（1736—1796）建造，1998 年复修。

桥长 30. 65 米，宽 4. 2 米，拱跨 10. 4 米，通高 10. 32 米；单孔石拱，抬梁式木构，15 开间，上建 3 座亭阁，神龛供奉关公土地，两侧石凳浮雕扁鹊、鳌鱼，单檐悬山顶（图 3-5-11）。

a)

b)

图 3-5-11 新宁罗洪桥（彭志 严均 摄）

### 50. 新宁狮象桥

位于新宁县万塘乡白马田村，跨金溪水，因桥架于狮子岭与万象山之间而得名。清嘉庆年间

（1796—1820）建造，光绪二年（1876）刘氏族人捐修。1945 年日军撤退时烧毁，战后修复。

桥长 22 米，宽 5 米；两孔石墩，抬梁式木构，两侧竖木栅栏，边置长凳；两端及桥中筑亭，单层飞檐，四角攒尖；神龛上供关帝、关平和周仓，下奉土地公婆（图 3-5-12）。

图 3-5-12　新宁狮象桥（彭志 摄）

### 51. 新宁车头桥

位于新宁县安山乡车头村，始建于明代（1368—1644）。桥长 21 米，两台两墩，悬臂式木构，过道石板铺面（图 3-5-13）。

图　3-5-13

a)

b) 图 3-5-13 新宁车头桥（彭志 摄）

## 52. 新宁高桥

位于新宁县高桥镇高桥村，建造年代不详，2016 年修缮（图 3-5-14）。

图 3-5-14 新宁高桥（彭志 摄）

## 53. 新宁龟坪桥

位于新宁县高桥镇龟坪村，建造年代不详。桥长 16 米，独墩两孔，悬臂式木构，单檐悬山顶（图 3-5-15）。

图 3-5-15 新宁龟坪桥（彭志 摄）

### 54. 新宁双江桥亭

位于新宁县高桥镇双江村，两水交汇处，始建于清同治年间（1862—1875），由罗云宝等乡贤主建。

下部为石拱、石梁组合构造，木构廊亭，神龛供奉关公、土地神（图3-5-16）。

a)

b)

图3-5-16　新宁双江桥亭（彭志 摄）

### 55. 武冈纸槽桥

位于武冈市大甸镇纸槽村。两墩三孔，重檐歇山顶（图 3-5-17）。

图 3-5-17 武冈纸槽桥（罗红英 摄）

## 第六节 宝安益道

宝安益道分布于邵阳、新化（图 3-6-1）、安化、益阳等地。

图 3-6-1 宝安益道新化温塘境内的“奉宪严禁赌博”碑

北宋熙宁五年（1072）两湖察访使章惇开发梅山，置新化、安化两县，改变了梅山“不与中国通”[①]状况，宝庆（今邵阳）、新化、安化、益阳间驿道沿资江联成一线，是为宝安益道之始。

明代筑宝庆经蓝田（今涟源）、梅城、大福、桃江至益阳的第二条宝安益道，与资江成“水弓陆弦”之势，总长 500 里。清代邵阳、新化、安化等县的毛板船商、木材商、茶商成立宝安益路会，合筑新道：由府城北出，经长冲、巨口、冷水至新化，再北折塔山湾、曹家坪、乐安桥、梅城，循前道抵益阳，里程缩短至 430 里[②]。

### 56. 新邵时荣桥

位于新邵县坪上镇竹畔村，明嘉靖三年（1524）建造，清乾隆年间（1736—1796）重修。

桥长 20 余米，宽约 5 米；三孔石拱，木构桥廊，单檐

① 《宋史·梅山峒蛮传》，清乾隆武英殿刻本。

② 蒋响元：《筚路蓝缕 以启山林——湖南古代交通史（史前至清末）》，北京：人民交通出版社股份有限公司，2020 年，第 419-420 页。

悬山顶，两端建桥亭，神龛供奉关帝（图 3-6-2）。

a)

b)

图 3-6-2 新邵时荣桥（雷振梁 摄）

### 57. 新邵罗家桥

位于新邵县坪上镇罗桥村，跨横阳水，清道光四年（1824）建造，2008 年修缮。

桥长 40 米，桥面宽 5 米，三墩四孔，穿斗式构架，单檐悬山顶，神龛供奉关帝。桥旁大石状若狮

子，传说有镇邪功能。联曰：“赤面赤心骑赤兔无忘赤帝；青灯青史仗青龙不愧青天。”（图 3-6-3）

a)

b)

图 3-6-3 新邵罗家桥（黄腾飞 摄）

## 58. 新化青龙桥

又名永镇桥，位于新化县坐石乡杨洪岩村，跨油溪水，明崇祯年间（1628—1644）建造，清乾隆二十二年（1757）、嘉庆十八年（1813）、光绪十五年（1889）修缮，2007 年补修。

桥长 46 米，宽 4 米；独墩两孔，新化与安化各建一孔。桥以河心礁石为基砌墩，每孔各架 8 根 20 余米长的巨木成梁，上横厚板，重檐庑殿顶覆小青瓦，檐下斗拱，彩绘翘角，桥头碑刻雕镌精美（图 3-6-4、图 3-6-5）。

a) (彭立 供图)

b) (方建宏 摄)

图 3-6-4 新化青龙桥

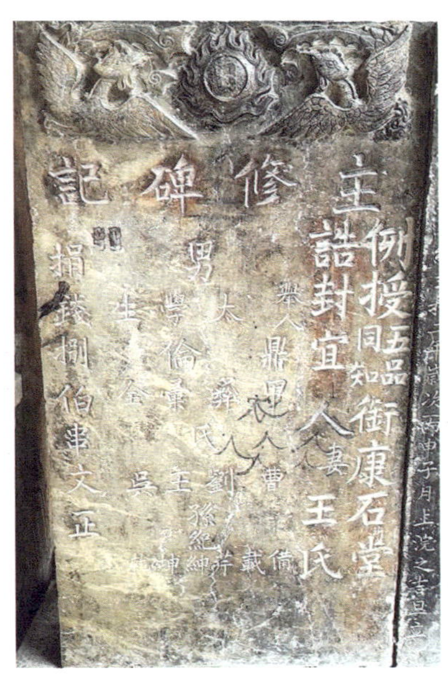


图 3-6-5　桥门和浮雕凤凰戏珠碑刻（金凯 摄）

桥南吊脚楼为守桥人（一般为无子嗣的人，希望守桥积福）居住及收费之所，过往客官与富贾乡绅自愿捐费，留作维修和公益之用，可看作旧时的收费站。

### 59. 新化龙潭桥

俗称横板桥，位于新化县田坪镇龙潭村，跨油溪水，清咸丰八年（1858）“三潭”“五村”绅民捐资修建。

桥长 47 米，桥面宽 3.5 米；三墩四孔，桥墩石块铁栓铆合，悬臂式木构，重檐桥廊，梁枋彩绘龙凤、花草、八卦图案，中间建有四角攒尖阁楼，两端建有庑殿顶阁楼；桥中神龛供奉关帝和梅山神孟公，桥北小庙号“潜精庙”，内供“五通五显灵官”①。（图 3-6-6）

a)

图　3-6-6

① 五通，又称五显、五猖、五相公，即五位各有配偶的男性神灵，是江南民俗文化中的偏财神。

b)

图 3-6-6　新化龙潭桥
（彭立 摄）

桥廊存有碑刻数方，其中光绪二十四年（1898）禁碑“奉宪禁溺子女，又禁包足”（图 3-6-7），折射“百日维新”的社会影响远及湘中腹地，体现了“敢为天下先”的湖湘精神①。

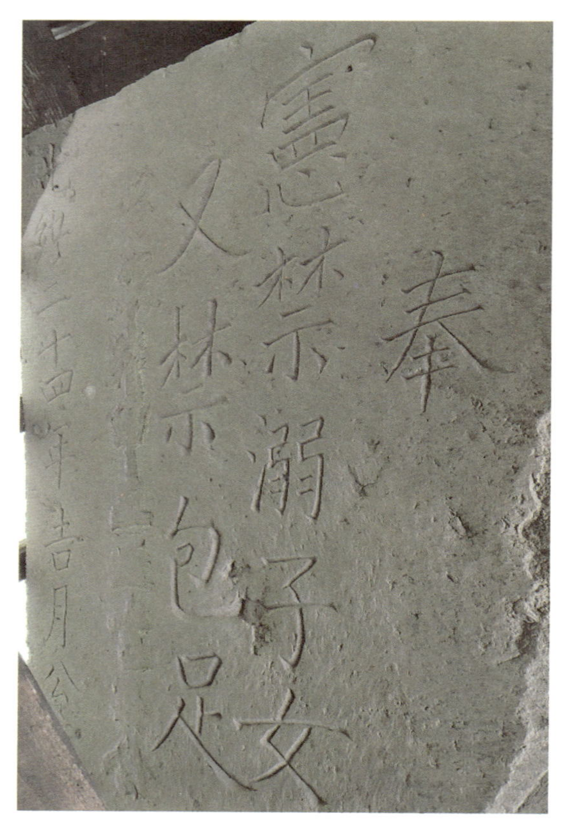


图 3-6-7　桥廊“奉宪禁溺子女，又禁包足”碑

① 2022 年 10 月，湖南都市频道根据笔者在电视访谈中的建议，曾专程前往新化，实地考察了龙潭桥，并在 10 月 23 日《都市一时间·湖南古代廊桥保护现状调查》节目中播出。

### 60. 新化龙毕塘桥

位于新化县曹家镇喻家洲村，1917 年重修。

桥长 14.6 米，宽 5 米；独墩两孔，木构桥廊，重檐悬山顶（图 3-6-8）。

图 3-6-8 新化龙毕塘桥
（邓智前 供图）

### 61. 新化杨公桥

位于新化县吉庆镇上水田村，清雍正五年（1727）建造，道光二十八年（1848）重修，1962 年补修。

桥长 33 米，宽 4 米；两墩三孔，伸臂式木构，15 开间，神龛供奉杨公，两端建有牌楼，檐下斗拱，脊上龙塑，廊柱题有“文化大革命”时期的对联，凸显时代特色（图 3-6-9）。

图 3-6-9 新化杨公桥
（邓智前 供图）

### 62. 新化尖明桥亭

位于新化县吉庆镇尖明村，建造年代不详。长 5 米，宽 4 米，单孔两台，木构梁架，单檐悬山顶（图 3-6-10）。

图 3-6-10　新化尖明桥亭（彭志 摄）

### 63. 安化肖家桥

位于安化县乐安镇横市村，跨柳林溪，始建于清乾隆四十九年（1784）。湖南省级文物保护单位。

桥长 31 米，宽 3.4 米，桥高 2.5 米；独墩两孔，悬臂式木构，五层鹊木，重檐歇山顶，14 开间，两端建有阁亭（图 3-6-11）。

a)

图　3-6-11

b)

图 3-6-11　安化肖家桥（黄腾飞 摄）

### 64. 安化晏家桥

位于安化县乐安镇横市村，跨柳林溪，清乾隆年间（1736—1796）建造，道光二十九年（1849）重修。湖南省级文物保护单位。

桥长 29.56 米，宽 3.2 米，桥高 2.52 米；独墩两孔，悬臂挑梁，廊屋 11 开间，重檐歇山顶；北端桥头建有店铺、茶房，南端建有阁亭（图 3-6-12、图 3-6-13）。

图 3-6-12　安化晏家桥

图 3-6-13　桥头茶房（吴卫平 摄）

## 65. 安化富兴桥

位于安化县乐安镇祝丰村，清同治四年（1865）建造。桥长 10 米，单孔两台，悬臂木构廊亭，重檐悬山顶。(图 3-6-14)。

图 3-6-14　安化富兴桥（彭志 摄）

## 66. 安化燕子桥

位于安化县梅城镇启安村——安化最早的县址所在地，跨洢溪，始建于宋熙宁年间（1068—1077)，道光二年（1822）重修，2011 年维修。全国重点文物保护单位。

桥长 38.5 米，宽 3.8 米；两墩三孔，伸臂式木构，重檐桥廊共 11 开间，上建 3 座庑殿顶阁亭，中脊三星宝顶，脊角龙形泥塑，藻井彩绘二龙戏珠，北侧入口悬着安化梅城人李作成上将题写的“燕子桥”匾额，门联“岁月迁延塔驻魁星勘地出；风云际会桥蹲石燕待时飞。”(图 3-6-15)

a) (欧阳红焰 供图)

b) (吴卫平 摄)

图 3-6-15

c) (彭立 摄)

图 3-6-15 安化燕子桥

**燕子桥赋**

燕子桥始建于宋熙宁①，章惇开梅山②，置县安化，县址建于启宁（今启安坪），建县逾千年，成桥已百世！此桥乃东去长沙、宁乡、湘乡之八铺驿道所必由，乃钟灵毓秀之地。

此桥根基深厚，鬼斧神工，桥亭为川枋之结构，桥体尽显梅山斗拱之气势。桥由民所修，地以桥而名。木桥通灵，紫气东来，群山拥抱，龙盘瑞照，聚首龙王！

东依笔架，西沐紫云，南枕联元圣塔，北托东华宝阁；西北纵深，东南高耸，石礅中嵌，水映潭深，良田环绕，清风气爽，孕于梅山，滋润桑田。

此地人杰地灵，贤士云集，昔有陶云汀、罗绕典英名流芳。今有将军、商贾、俊彦不乏大成，奉献社会，服务于民，各显其能，世代秉承。

今又有燕子山庄，锦上添花，楼台水榭，绿柳啼莺，生态宜人，青山藏宝，沃地生金，千年树木，百年树人，广招贤士，汇聚风骚，美哉壮哉！

千秋亘立，彰显青史，昭示后贤，承启两全。此为福地，和谐乐园！

辛卯初夏　墨香斋居士 撰

① 1068—1077 年。

② 章惇（1035—1105），宋神宗、哲宗朝宰相，北宋政治家、改革家，曾“开边湖南”，促进大湘西地区开发，为祖国的统一做出卓越贡献。

### 67. 安化十义桥

位于安化县梅城镇十里村，跨伊溪，清光绪十三年（1887）建造。全国重点文物保护单位。

桥长65米，面宽3.9米，通高10.2米；三墩四孔，分水面浮雕蜈蚣，边孔墩台加斜撑支护；木构桥廊，24开间，重檐歇山顶（图3-6-16）。

a)

b)

图3-6-16　安化十义桥（欧阳红焰 供图）

### 68. 安化福星桥

又名落马桥，位于安化县梅城镇南桥村道观坪，跨洢溪支流拦路河，清光绪十三年（1887）建造（图3-6-17），2015年复修（图3-6-18）。湖南省级文物保护单位。

桥长42米，通高7米，宽3.6米；两墩三孔，五层鹊木，桥墩迎水面置燕尾铁榫及蜈蚣浮雕；重檐桥廊，庑殿顶阁亭。南侧桥联："福景呈春落日流霞开境界；星桥跨岸马踪驿道记沧桑。"北侧桥联："落日晚霞明，彩焕长虹，好品清茶绥福履；马蹄芳草软，波浮倒影，浑疑银汉度星槎。"

图3-6-17　福星桥原貌（吴卫平 摄）

a)

图　3-6-18

b)

图 3-6-18 修缮后的福星桥（黄腾飞 摄）

### 69. 安化梅城思贤桥

位于安化县梅城镇栗林村，安化通新化驿道上，清同治十三年（1874）建造，2022 年重修。桥长 14 米，独墩两孔，悬臂式木构廊亭，重檐庑殿顶（图 3-6-19）。

a)

图 3-6-19

b)

图 3-6-19 安化梅城思贤桥（欧阳红焰 供图）

### 70. 安化仙牛石桥

位于安化县大福镇新桥村，跨沂溪，清同治十三年（1874）修建。国家重点文物保护单位。

桥长 34.7 米，宽 4 米，通高 8 米；两墩三孔，悬臂挑梁，四层鹊木，桥廊 12 开间，重檐悬山顶（图 3-6-20）。

图 3-6-20 安化仙牛石桥（欧阳红焰 供图）

大福俗称大福坪，原称打虎坪，传说一外来渔翁在此地曾打死过一只老虎。宋代开梅山后成为宝庆、新化、安化通益阳要道，在此打中伙（行路的人在途中吃午饭）的客旅众多，又称打伙坪。清嘉庆十五年（1810）建成四孔石拱桥—大福桥，地名改为大福坪。

## 71. 安化永盛桥

位于安化县大福镇凤泉村，跨柘木溪，1929 年修建。

桥长 21 米，宽 5.7 米，通高 7.5 米；独墩两孔，伸臂式木构，石墩镌刻“永盛桥”；桥廊七开间，重檐歇山顶，神龛供奉杨泗将军，桥东建有庑殿顶亭阁（图 3-6-21）。

a)（欧阳红焰 供图）

b)（邓葵庭 摄）

图 3-6-21 安化永盛桥

## 72. 安化永镇桥

位于安化县大福镇新桥村，始建于清嘉庆二年（1797），2008 年被焚毁，2009 年复修（图 3-6-22）。桥长 37 米，两墩三孔，悬臂挑梁廊亭，重檐歇山顶。

图 3-6-22　安化永镇桥
（彭志 摄）

## 第七节　梅山茶马古道

梅山茶马古道分布于安化、新化、冷水江、涟源、隆回、溆浦等地。

安化、新化、隆回、涟源、冷水江及溆浦所在的雪峰山，古称梅山。茶马古道是指以茶叶运销为大宗、以马帮驮运为主的商道。其中，安化鹞子尖古道自从梅山开辟以来，即为通衢大道，作为中俄万里茶道（湖南段）的重要起点，已列入《中国世界文化遗产预备名单》。

湖南制茶的历史源远流长，茶陵得名就与种茶有关①。长沙马王堆汉墓出土“遣册”（随葬品清单）中有“槙一笥”简文，即指“苦茶一箱”②，是已知最早的茶叶实物。

隋唐五代，“茶道大行，王公朝士无不饮者”③，南茶北运，舟车相继。《旧五代史·马殷传》称马楚政权凭借“中原卖茶之利，岁百万计”。

梅山有“山崖水畔，不种自生”的宜茶环境。“潭州（含今安化、新化）茶、（益）阳团茶”“渠江薄片”“惟江陵、襄阳，皆数千里食之。”④ 北宋开辟梅山后，朝廷在安化、新化设“博易场”，以盐换茶，茶马古道渐趋成形。

16 世纪利玛窦来华时，茶叶还是“欧洲人所完全不知道的”⑤。随着东西方交流的深入，饮茶风俗传至欧洲。明末清初，晋商云集安化江南、小淹、东坪、边江、鸦雀坪、黄沙坪、酉州、马辔市、烟溪等地办茶，销往西北、中亚、欧洲等地，万里茶道渐趋形成，造就了大德诚、长裕川、大德兴、大德丰、永聚祥、大盛魁、大玉川、巨盛川、宏源川、兴隆茂、诚记等一代商贾⑥。

茶商在山区收购茶叶后，雇马帮驮往沿江集镇，通过水路运往各地。清道光年间（1821—1850），

① （唐）《茶陵图经》：“茶陵者，所谓陵谷生茶茗焉。”转引自唐代陆羽《茶经》，卷下，宋百川学海本。

② 周世荣：《关于长沙马王堆汉墓中简文——槙（槚）的考订》，《茶叶通讯》，1979 年第 3 期。

③ （唐）《封氏闻见记》，卷六，清文渊阁四库全书本。

④ （唐）杨晔：《膳夫经》，不分卷，间反辩围本。

⑤ ［意大利］利玛窦、金尼阁：《利玛窦中国札记》，北京：中华书局，2005 年，第 17 页。

⑥ 蒋响元：《筚路蓝缕 以启山林——湖南古代交通史（史前至清末）》，北京：人民交通出版社股份有限公司，2020 年，第 375 页。

新化苏溪关纳税商茶万余担，全部销往西北[①]。据《中国厘金史》，新化、邵阳、武冈于清咸丰六年（1856）设厘金分局，抽取茶税。

“山间铃响马帮来”，随着茶叶贸易兴隆，商家捐建茶马专道（图 3-7-1），路以石板铺砌，沿途修筑桥亭、拴马柱等供马帮歇息。廊桥建设进入历史鼎盛时期，安化记录在册的风雨桥多达 160 余座[②]（图 3-7-2）。

图 3-7-1 梅山茶马古道（唐顺富 摄）

图 3-7-2 安化杨公坳茶亭，亭联“西望瑶池降王母；一片冰心在玉壶”

### 73. 安化泖溪桥

位于安化县东坪镇木子村，跨柳溪，清光绪丙申年（1896）建造（图 3-7-3），2012 年复修（图 3-7-4，笔者获邀参与维修方案论证），为湖南省级文物保护单位。

---

① （清）道光《宝庆府志》，清道光二十七年民国二十三年重刻本。

② 鲁晓敏、吴卫平：《廊桥笔记》，桂林：广西师范大学出版社，2022 年，第 270 页。

图 3-7-3　安化洢溪桥维修前（欧阳红焰 供图）

图 3-7-4　安化洢溪桥维修后（谌继先 摄）

桥长 77 米，桥面宽 3.7 米，通高 12 米；三墩四孔，鹊木四层，歇亭 30 空，重檐歇山顶。东端桥屋 3 间，供守桥人居住；西面豆腐房的收入，用于免费给路人泡制茶水（图 3-7-5）。

图 3-7-5 安化洢溪桥
（邓葵庭 摄）

**74. 安化镇东桥**

又名东坪大木桥、红军桥，位于安化县东坪镇，跨柳溪，清光绪五年（1879）建造，2008 年兴建云天桥时有修缮。

桥长 75 米，高 10 米，宽 3. 8 米；四墩五孔，悬臂挑梁，桥面以厚木板铺就，木构桥廊，32 开间，重檐歇山顶（图 3-7-6）。

图 3-7-6 安化镇东桥

**云天桥** 位于安化东坪镇、镇东桥下首，2008 年 12 月建成。桥长 72 米，宽 38 米，高 31 米。分 3 层：第一层为人行道和商铺，第二层为商铺，第三层为观光休闲区，集齐了通行、休闲、商贸功能。整体风格采用仿古建筑，合宫阁、楼台、亭榭于一体，飞檐翘角，金碧辉煌（图 3-7-7）。

图 3-7-7　镇东桥下首即为云天桥（谌继先 摄）

该桥蕴涵梅山文化元素，建成之际，安化有关方面在全国主办了一次征集安化云天桥桥记、桥联、桥诗词的活动，入选作品以碑刻形式立于桥旁。

### 75. 安化马渡桥

又名马仔桥，位于安化县东坪镇马渡村，跨槎溪，1917 年建造（图 3-7-8）。全国重点文物保护单位。

图 3-7-8　马渡桥原貌（吴卫平 摄）

桥长 46.5 米，桥面宽 3.7 米；两墩三孔，迎水面浮雕蜈蚣，石块间燕尾铁榫锁定，鹊木五层，桥廊 22 开间，重檐歇山顶（图 3-7-9）。

1961 年初，经济学家于光远带队在马渡村进行了 27 天的社会调查，形成的马渡调查报告，为中央制定农村政策提供了重要参考。

图 3-7-9 维修后的马渡桥（欧阳红焰 供图）

## 76. 安化红岩塘桥

位于安化县东坪镇杨林管区新局村，跨株溪，1931 年修建。湖南省级文物保护单位。

桥长 27 米，宽 3. 8 米，13 开间；独墩两孔，迎水面浮雕蜈蚣，四层鹊木加斜撑支护，木构桥廊，木刻梁书楹联，重檐歇山顶（图 3-7-10）。

a)（彭立 摄）

图 3-7-10

b) (金凯 摄)

图 3-7-10 安化红岩塘桥

## 77. 安化永锡桥

位于安化县江南镇锡潭村，跨麻溪，清光绪二年（1876）本地善人陈五芝等22人为首捐建，光绪七年竣工。全国重点文物保护单位。

桥长83米，宽4.2米，34开间；三墩四孔，迎水面雕刻蜈蚣，石块间燕尾铁榫固联，六层鹊木；木构桥廊，神龛供奉王元帅尊神，重檐歇山顶，南端悬“永锡桥”匾。北端碑亭存碑刻58块，详录建桥修桥善举、捐资商号及个人姓名共2278个，其中建桥捐赠总额14752千文。四合院为公屋，供守桥人居住，并行使清扫、泡制茶水等职责（图3-7-11）。

a) (贺迪清 摄)

图 3-7-11

b) (童迪 摄)

图 3-7-11 安化永锡桥

从倡修到桥成，历经六载寒暑。为确保质量，桥会①采用“木马择匠”的方式。竞标者在规定时间内做好木马②并刻上自己名字，桥会收集后统一丢进水里。次日捞出木马，察看有没有水渗入榫卯缝隙。结果新化吴师傅中标主墨，承包建造了这座梅山最大廊桥③。碑刻赞曰“天余缺憾人能补，神着先鞭石不顽；好是津梁通两岸，行人到此尽欢颜。”

建桥共费石工 37769 个、锯工 1825 个、木工 2044 个、瓦工 866 个、土工若干，建公屋费锯工 358 个、木工 711 个；工程总耗资 14466. 818 千文，工钱占 55. 5%，包括石工钱 6161 千 110 文、锯工钱 310 千 252 文、木工钱 409 千 314 文、土工钱 1146 千 662 文等④。

### 78. 安化思贤桥

位于安化县江南镇思贤村，跨思贤溪，始建于清乾隆三十五年（1770），嘉庆七年（1802）续修⑤，咸丰四年（1854）重修。全国重点文物保护单位。

桥长 57. 5 米，宽 4. 1 米，通高 9 米；两墩三孔，五层鹊木，木构重檐桥廊，21 开间，神龛供奉杨泗将军；两端筑重檐庑殿顶牌楼，北端檐下挂“思贤桥”匾额，桥头设有守桥人居住的房屋（图 3-7-12）。

---

① 负责兴建、管理桥梁事务的民间组织，会长通常由德高望重的长者担任。

② 所谓“木马”，就是加工木材时用来固定的工具。

③ 2022 年 10 月，湖南都市频道根据作者在电视访谈中的建议，曾专程前往安化，实地考察了永锡桥，并在 10 月 23 日《都市一时间 · 湖南古代廊桥保护现状调查》节目中播出。

④ 龙登高、王正华、伊巍：《传统民间组织治理结构与法人产权制度——基于清代公共建设与管理的研究》，《经济研究》，2018 年第 10 期。

⑤（清）同治《安化县志》卷十三：“思贤溪之有桥也，始修于乾隆庚寅，续修于嘉庆壬戌，累石为址，宏开四座玲珑，架木为梁，远接一条苍莽，亿万人轮蹄络绎。”清同治十年刻本。

a)

b)

图 3-7-12　安化思贤桥（彭立 摄）

## 79. 安化苦竹溪桥

位于安化县龙塘镇顽沙村，跨苦竹溪，清乾隆六十年（1795）建造（图 3-7-13），2018 年复修（图 3-7-14）。

图 3-7-13 修复前的苦竹溪桥

桥长 52.5 米，桥面宽 3.8 米；三墩四孔、木构桥廊，25 开间；重檐歇山顶，两端建庑殿顶阁亭。

龙塘，昔为安化茶叶集散地之一，宋廷在此置龙塘寨，设兵戍守。明嘉靖《安化县志》："宋绍兴二十四（1155）黎虎将、淳熙二年（1175）赖文政，皆因为乱，猖獗杀掠为民患。大帅王侍郎奏，于资江龙塘建寨，命将统之。"①

图 3-7-14 苦竹溪桥新貌（欧阳红焰 供图）

① （明）嘉靖《安化县志》，卷五，明嘉靖二十二年刻本。

## 80. 安化山河桥亭

位于安化县龙塘镇山河村，1941 年建造。桥长 10 米，单孔两台，木构廊亭，单檐歇山顶（图 3-7-15）。

图 3-7-15　安化山河桥亭
（彭志 摄）

## 81. 安化卧龙桥

位于安化县烟溪镇卧龙村，安化通溆浦茶商古道上，清咸丰五年（1855）建造。桥长 16. 4 米，桥面宽 3. 9 米，通高 9 米；单孔廊桥，神龛供奉观音、关帝和杨泗将军，单檐悬山顶（图 3-7-16）。

a)

图　3-7-16

b)

图 3-7-16　安化卧龙桥（欧阳红焰 供图）

卧龙桥自古以来扼守湘中通湘西、黔滇要隘，为兵家必争之地。1935 年 12 月，红二、六军团经烟溪、长岭坡、卧龙桥转战溆浦，驻营卧龙村时，部分战士夜宿桥上。1949 年 9 月中国人民解放军第 38 军、10 月第 47 军进军湘西途中，皆在此驻扎。

### 82. 安化南关桥

位于安化县渠江镇灯塔村，跨水尾底溪，清光绪壬午年（1882）建造，中华民国时期邑人夏蔚文出资重修，1994 年改建混凝土梁。

桥长 18.3 米，宽 4.2 米，通高 10 米；单孔木构，重檐悬山顶（图 3-7-17）。

图 3-7-17　安化南关桥（欧阳红焰 供图）

渠江镇是名茶“渠江薄片”发祥地。五代毛文锡《茶谱》称：“潭邵之间有渠州，中有茶……其色如铁，而芳香异常，烹之无滓也。”① “渠江薄片，一斤八十枚。”② 2019 年 10 月，渠江茶园入选全国重点文物保护单位名单。

① 《茶谱》一书已全佚，此引文辑自（宋）乐史：《太平寰宇记》卷一百一十四，北京：中华书局，2000 年，第 197 页。

② 此引文转引自（宋）吴淑：《事类赋》，卷十七《茶赋》，四库全书本。

### 83. 安化大塘桥

位于安化县渠江镇大塘村，跨敷溪，清光绪二十年（1894）建造。

桥长 20 米，桥面宽 4. 1 米，通高 10 米；独墩两孔，悬臂式木构，重檐歇山顶（图 3-7-18）。

图 3-7-18　安化大塘桥（欧阳红焰 供图）

### 84. 安化大林口桥

又名连里茶马亭，位于安化县渠江镇连里村，跨石桥塘溪，原为石梁，1945 年水毁后改建木构廊桥。

桥长 15 米，宽 4. 1 米，通高 8 米；单孔两台，木构廊亭，歇亭六空，单檐悬山顶（图 3-7-19）。

图 3-7-19　安化大林口桥（欧阳红焰 供图）

## 85. 安化漾佳桥

位于安化县平口镇漾佳村，跨漾佳溪，清光绪十六年（1890）建造。1963 年柘溪水库蓄水，桥所在的青叶组成为水淹区，被原样迁移至饶一组。

桥长 15.4 米，宽 3.4 米，通高 7 米，七开间；独墩两孔，斜撑支护，木构桥廊，两侧设栏杆坐凳，单檐歇山顶（图 3-7-20）。

图 3-7-20 安化漾佳桥
（欧阳红焰 供图）

## 86. 安化乐善桥

位于安化县马路镇严庄村，清光绪二十年（1894）修建。湖南省级文物保护单位。

桥长 16.7 米，宽 3.8 米，通高 9 米；单孔两台，悬臂挑梁，上搭 6 根巨木，重檐硬山顶；门额浮雕“乐善桥”，门联“乐己亦乐人功全施济；善身兼善世利溥往来”（图 3-7-21）。

图 3-7-21 安化乐善桥
（欧阳红焰 供图）

## 87. 安化晓溪桥

位于安化县马路镇晓溪村，跨晓溪，1916 年修建。

桥长 23 米，宽 3.8 米，通高 9 米；独墩两孔，两层鹊木，梁体斜撑支护；木构桥廊，重檐悬山顶，东南端匾额“晓溪桥”，门联“晓日翡红射出霞光万道；溪水碧绿映衬蓬莱琼楼”（图 3-7-22）。

图 3-7-22　安化晓溪桥（欧阳红焰 供图）

### 88. 安化复古桥

位于安化县柘溪镇双桥村，跨双桥溪，清光绪三十三年（1907）修建。全国重点文物保护单位。

桥长 30.8 米，宽 3.8 米，通高 6 米；两墩三孔，五层鹊木，悬臂式木构，重檐硬山顶，石拱门楣嵌“复古桥”，桥墩上刻有阴阳鱼浮雕。旁边石拱廊桥建于 2003 年，长 8 米，宽约 4 米（图 3-7-23、图 3-7-24）。

图 3-7-23 安化复古桥（欧阳红焰 供图）

图 3-7-24 安化复古桥墩上的阴阳鱼浮雕（吴卫平 摄）

### 89. 安化万善桥

位于安化县田庄乡温溪村，清宣统二年（1910）修建。次年温溪改道，遂成旱地廊桥。湖南省级文物保护单位。

桥长36米，桥面宽3.5米，高8米；独墩两孔，悬臂挑梁，鹊木四层；木构桥廊，16开间，重檐硬山顶，二级马头墙，西端过亭镌刻“万善桥”，下嵌七块记事石碑（图3-7-25）。

a)

b)

图3-7-25　安化万善桥（欧阳红焰 供图）

### 90. 安化适中桥

位于安化县仙溪镇圳中村，跨杨家溪，清宣统三年（1911）修筑。湖南省级文物保护单位。

省境唯一木柱木梁廊桥。长14.5米，宽5.6米，高7.5米；两台两孔，桥中架木为墩，木构廊亭，两端庑殿顶阁楼，上书“适中桥”（图3-7-26）。

仙溪古为“贡茶之乡”。明洪武二十四年（1391），朝廷钦点安化贡芽茶22斤，由仙溪、龙溪、九渡水、大桥四保原料炒制，故称“四保贡茶”。清乾隆二十四年（1694），“令安化岁输贡茶，于（仙溪）芙蓉峰采摘谷雨茶，制成头贡细茶，年纳一百六十斤”①。

---

①　彭先泽：《安化黑茶》，益阳：益阳市黑茶收藏协会翻印本，2012年。转引自谭璐、方八另：《安化四保贡茶茶史探源》，《中国茶叶加工》，2019年第1期。

a)

b)

图 3-7-26 安化适中桥（欧阳红焰 供图）

## 91. 安化包台桥

位于安化县南金乡包台村，跨木石溪，1934 年邑人夏良瓒倡议修建。

桥长 15. 1 米，宽 3. 65 米，通高 6 米；单孔两台，木构桥廊，重檐悬山顶（图 3-7-27）。

图 3-7-27　安化包台桥
（欧阳红焰 供图）

### 92. 安化烈溪桥

位于安化县古楼乡烈溪村，跨烈溪，中华民国时期（1912—1949）建造，1996 年重修时改木梁为混凝土梁。桥长 10. 5 米，宽 3. 4 米，通高 5 米；单孔两台，木构梁架，单檐悬山顶（图 3-7-28）。

图 3-7-28　安化烈溪桥
（欧阳红焰 供图）

### 93. 安化蛇山溪桥亭

位于安化县奎溪镇木榴村，跨蛇山溪，中华民国时期（1912—1949）建造。桥长 11 米，桥面宽 4 米；单孔两台，木构廊屋，单檐悬山顶（图 3-7-29）。

图 3-7-29 安化蛇山溪桥亭
（欧阳红焰 供图）

### 94. 新化白马桥

位于新化县槎溪镇白马桥村，明代建造，是新化遗存的时代最早的廊桥。桥长 15 米，宽 4 米，两侧置护栏石凳，单檐悬山顶（图 3-7-30）。

图 3-7-30 新化白马桥（彭志 摄）

白马桥村原名石渣牌，因境内白马桥改名。1945 年 5 月发生在这里的团筛岭阻击战，是湖南省内对日最后一战，于是当地遂有全面抗战“起于卢沟桥，决胜白马桥”之说。

### 95. 新化王板桥

位于梅山武术发祥地—新化县孟公镇桃溪村，始建于明末，清道光六年（1826）重修。

桥长 10.2 米，桥面宽 3.25 米；单孔两台，木构桥廊，单檐悬山顶（图 3-7-31）。桥南竖道光复修碑，桥北立宣统乡规公约碑：

□甲置产各户口饷宜早完契清税，如有私匿，一经查明，公同禀究。至无赖痞徒，辄挟小嫌，诬报税契，累害良善，仍照旧规，再行严革。倘敢故违，惟痞亲属是问，除费用归欠外，再将该痞公同议处不贷。宣统庚戌吉月日星塘村六甲公刊（简体化、断句及标点符号均为作者添加）①。

图 3-7-31　新化王板桥
（邓智前 供图）

### 96. 新化簪溪风雨桥

位于新化县孟公镇簪溪村，嘉庆乙丑年（1805）建造，宣统元年（1909）复修。单孔两台，木构桥廊，单檐悬山顶（图 3-7-32）。

图 3-7-32　新化簪溪风雨桥
（金凯 摄）

① 碑文摘自彭小文：《新化风雨桥建筑现状调研及保护研究》，长沙：长沙理工大学，硕士学位论文，2015 年。

### 97. 新化鲤兆桥

位于新化县孟公镇九峰村，跨九曲水，清咸丰六年（1856）建造。桥名鲤兆，取鲤鱼跳龙门之意。

桥长 30.3 米，宽 3.2 米；独墩两孔，上架 4 根合抱粗的柏木为梁，木构桥廊，中间建有重檐亭阁，两侧置柏木坐板(图 3-7-33)。

图 3-7-33 新化鲤兆桥（全凯 摄）

### 98. 新化木瓜溪桥

位于新化县孟公镇星燎村，跨木瓜溪，清同治十一年（1872）建造。

桥长 12.6 米，宽 3.1 米；单孔两台，木构桥廊，单檐悬山顶。梁书“同治十一年壬申岁三月吉旦良辰立”“首头人伍占梅□□锯匠琁珖木匠翠贵瓦匠锡来仝造”（图 3-7-34）。

图 3-7-34　新化木瓜溪桥
（彭小文 摄）

### 99. 新化桃溪青龙桥

位于新化县孟公镇桃溪村，清代建造。

桥长 11.9 米，宽 2.9 米，通高 7.57 米，孔跨 6.46 米；单孔石拱，木构桥廊，四柱九檩，单檐悬山顶（图 3-7-35）。

图 3-7-35　新化桃溪青龙桥
（丁德森 摄）

### 100. 新化大桥

位于新化县孟公镇太阳村，1916 年建造。

桥长 14.3 米，宽 3.4 米；穿斗式构架，重檐歇山顶，两侧设栏杆坐凳，神龛供奉“大桥庙王”（图 3-7-36）。

图 3-7-36　新化大桥（全凯 摄）

### 101. 新化琅塘龙潭桥

位于新化县琅塘镇团结山村，清乾隆二年（1737）建造。单孔石拱，木构桥廊，单檐悬山顶（图 3-7-37）。

a)

图　3-7-37

b)

图 3-7-37 新化琅塘龙潭桥（王修宇 摄）

琅塘是茶叶集散地，明嘉靖二十二年（1543）琅塘境内苏溪关巡检司设茶税官厅，岁收茶税银3000两①，被称为天下茶税第一关。新化、邵阳、武冈、隆回的茶叶，运至苏溪关纳税后，销往各地。万历十五年（1587）《大明会典》记载："苏溪关遵照题准事例，每正茶一千斤，许照散茶一千五百斤，数外若有多余，方准抽税……依限运赴洮岷参将，转发洮洲茶司，照例对分贮库。"②

### 102. 新化望庵桥

位于新化县琅塘镇白云村，跨白云水，清道光元年（1821）建造。站立桥上可与西面白云庵相望，故名。

桥长17.2米，宽4.2米；单孔石拱，圆弧拱镶边，木构桥廊，单檐悬山顶（图3-7-38）。

图 3-7-38 新化望庵桥（邓智前 供图）

① （清）同治《新化县志》，卷第九，清同治十一年刊本。

② （明）万历《大明会典》，卷三十七，户部二十四，明万历十五年刻本。

### 103. 新化石圳桥

位于新化县琅塘镇石圳村，清乾隆三十四（1769）年建造，1989年复修。

桥长29米，桥面宽4米；独墩两孔，木冲臂架构，重檐悬山顶，神龛供奉观音（图3-7-39）。

图3-7-39 新化石圳桥（彭志 摄）

### 104. 新化辽远桥

位于新化县琅塘镇辽远村，清代建造，省内唯一榫卯构造石柱木梁桥。长13.3米，宽3.4米，两孔不等跨，木构桥廊，单檐悬山顶（图3-7-40）。

图3-7-40 新化辽远桥（邓智前 供图）

### 105. 新化横岩凼桥

位于新化县荣华乡横岩村，建造年代不详。桥长16米，单孔两台，木构廊亭，歇亭五空，单檐悬山顶（图3-7-41）。

图 3-7-41　新化横岩凼桥（彭志 摄）

## 106. 新化一德桥

位于新化县圳上镇大竹村，清乾隆壬午年（1762）建造，光绪九年（1883）复修。

桥长 24.3 米，宽 5.3 米；独墩两孔，6 层鹊木；桥廊 11 开间，重檐硬山顶，东北面设挡风木板；门额石刻“一德桥”，联曰“一雨镜天新绿水；德星遥映小红桥”（图 3-7-42）。

图 3-7-42　新化一德桥（邓智前 供图）

## 107. 新化山溪第五桥

位于新化县圳上镇山溪村，1938 年建造。桥长 14 米，宽 4.5 米，单孔两台，悬臂挑梁木构廊亭（图 3-7-43）。桥北碑刻有龚光勃所撰《山溪第五桥记》，背面镌刻《第五桥禁条》。

图 3-7-43　新化山溪第五桥
（彭志 摄）

### 108. 新化山溪第二桥

位于新化县圳上镇山溪村，第五桥下游 300 米处，始建年代不详，1965 年重修。桥长 15 米，宽 4.2 米，单孔两台，悬臂木构廊亭，重檐悬山顶（图 3-7-44）。

图 3-7-44　新化山溪第二桥
（彭志 摄）

### 109. 新化山溪第一桥

位于新化县圳上镇山溪村，第五桥下游 1000 米处，建造年代不详。桥长 16 米，宽 4.5 米，上部构造与第五桥类似（图 3-7-45）。

图 3-7-45　新化山溪第一桥（彭志 摄）

### 110. 新化有余第一桥

位于新化县圳上镇有余村，始建年代不详。桥长 9 米，宽 4.5 米，单孔石拱，木构廊亭，单檐悬山顶（图 3-7-46）。

图 3-7-46　新化有余第一桥（彭志 摄）

### 111. 新化有余第八桥

位于新化县圳上镇有余村，有余第一桥下游 350 米处，中华民国时期（1912—1949）建造。桥长 11 米，宽 4.5 米，单孔两台，木构廊亭，重檐悬山顶（图 3-7-47）。

图 3-7-47 新化有余第八桥（彭志 摄）

### 112. 新化人和桥

位于新化县圳上镇人和村，1939 年建造。单孔两台，木构廊亭，单檐悬山顶（图 3-7-48）。

图 3-7-48 新化人和桥（彭志 摄）

### 113. 新化永兴桥

位于新化县圳上镇赤竹村，1915 年建造（图 3-7-49）。

图 3-7-49　新化永兴桥
（彭志 摄）

**114. 新化小油风雨桥**

位于新化县圳上镇半山村，1940 年建造。桥长约 40 米，下部采用省内罕见的石墩木柱组合支撑，分水四孔，木构廊亭，重檐悬山顶（图 3-7-50）。

a)

图　3-7-50

b)

图 3-7-50 新化小油风雨桥（彭志 摄）

### 115. 新化银溪桥

位于新化县圳上镇龙驹村，清光绪二年（1876）建造。

桥长 44.8 米，宽 5.4 米；两墩三孔，迎水面雕刻蜈蚣，6 层鹊木；木构桥廊，重檐硬山顶；梁书“大清光绪二年丙子 皇图永固”，廊柱题写“文化大革命”时期标语，是社会变革的历史见证（图 3-7-51）。

图 3-7-51

图 3-7-51　新化银溪桥（邓智前 供图）

a)

b)

图 3-7-52　新化顺水桥（方建宏 摄）

### 116. 新化顺水桥

位于新化县圳上镇久大村，因顺圳水得名，清光绪三十一年（1905）邑人陈品端捐建。

桥长 44 米，宽 3 米；两墩三孔，伸臂式木构，22 开间；桥面铺石板，神龛供奉杨泗将军，重檐硬山顶。门联"顺逆双流，鼋鼍跨两岸；水天一色，虹影横一江""柳荫松影能留客；山月江风好送人"（图 3-7-52）。

## 117. 新化永镇桥

位于新化县圳上镇双江口村，清宣统元年（1909）陈远茂、张秋凡、陈落藻等捐建。2015 年重修，马头墙改贴瓷砖琉璃瓦（图 3-7-53）；2017 年 5 月毁于火，重建时恢复清末风格（图 3-7-54）。

图 3-7-53 2015 年重修后的永镇桥（邓智前 供图）

图 3-7-54 2018 年按旧样修复的永镇桥（邓智前 供图）

桥长 33 米，桥面宽 5.86 米；两墩三孔，悬臂挑梁，木构桥廊，重檐硬山顶。联云：“永砥柱千年中流屹立；镇楚锡二水大道平安。”

## 118. 新化又一桥

位于新化县圳上镇太原村，跨石渡水，1916 年建筑。

桥长 38.5 米，宽 5.4 米，独墩两孔，迎水面刻人物图案，伸臂木构，神龛供关公土地，重檐硬山顶；桥旁七通石碑，镌刻着建造、公约、禁令等内容。门联书曰：“又见绿槐浓荫十丈；一亭明月继美五桥。”“又横虹影波中漾；一曲箫声月下吹”（图 3-7-55）。

a)

b)

图 3-7-55 新化又一桥（邓智前 供图）

### 119. 新化久大桥

位于新化县炉观镇清水溪村，跨清水溪，清道光二十四年（1844）建造，光绪二十四年（1898）复修。桥长 11 米，宽 5.75 米，单孔两台，木构桥廊，重檐歇山顶（图 3-7-56）。

图 3-7-56 新化久大桥（邓智前 供图）

### 120. 新化清江桥

位于新化县水车镇清江村，跨水车河，清道光二十六年（1846）建造。独墩两孔，主梁由 4 根巨木搭建，木构桥廊，重檐歇山顶（图 3-7-57）。

图 3-7-57 新化清江桥（彭志 摄）

### 121. 新化龙湘桥

位于新化县水车镇龙湘村，清代建造，2015 年重修（图 3-7-58）。

图 3-7-58　新化龙湘桥
（邹新设 摄）

**122-123. 新化正龙双桥**

位于新化县水车镇正龙村，新化通溆浦要道上，清代建成。

正龙村位于世界灌溉工程遗产——紫鹊界梯田。200 多栋干栏式板屋分布于梯田脚下，形成一个错落有致、层层叠叠的原始村落（图 3-7-59）。村头村尾各建有一座廊桥，村头桥名“跃龙桥”（图 3-7-60、图 5-7-61），村尾桥谓“䶮桥”（图 3-7-62）。

图 3-7-59　正龙村

图 3-7-60　跃龙桥（袁小锋 摄）

图 3-7-61　跃龙桥上长龙宴（姜超雄 摄）

图 3-7-62　龖桥（邓智前 供图）

### 124. 新化直乐桥

位于新化县水车镇长石村，1936 年建造。单孔两台，木构桥廊，单檐歇山顶（图 3-7-63）。

图 3-7-63　新化直乐桥（邹新设 摄）

### 125. 新化平游桥

位于新化县奉家镇横江村，跨横江，清嘉庆十三年（1808）建造，2015 年维修。

桥长 30 米，宽 5 米；独墩两孔，悬臂式木构，重檐歇山顶，神龛供奉关帝和观音（图 3-7-64）。

雪峰山脉中段、新化紫鹊界所在的奉家山系，是远古瑶族的栖息地。北宋开梅山后，瑶民陆续外迁，明末迁徙殆尽。尚存双林村杩树界瑶人屋场、大桥村瑶人寨、沙坪里瑶人山等遗迹。当地特产蒙洱茶，又称湘妃茶，唐代文成公主出嫁吐蕃时曾有选带，五代后梁时期始列入贡茶。

a)

b)

图 3-7-64 新化平游桥（全凯 摄）

### 126. 新化大桥风雨桥

位于新化县奉家镇大桥村渠江源，跨渠江上游，清道光年间（1821—1850）修建（图 3-7-65），2015 年复修（图 3-7-66）。独墩两孔，木构桥廊，中间建有阁亭，重檐歇山顶。

图 3-7-65　新化大桥风雨桥原貌

a)

图　3-7-66

b)

图 3-7-66 复修后的新化大桥风雨桥（彭志 摄）

渠江源毗邻紫鹊界梯田，是黑茶“渠江薄片”发源地。清代《续茶经》：“风俗贵茶，其名品益众……渠江之薄片……皆品第之最著者也。”①

### 127. 新化崇山湾风雨桥

原名唐山桥，又称红军桥，位于新化县奉家镇茶坪村，跨川月大峡谷，清宣统元年（1909）建造，1968 年维修。

桥长约 20 米，单孔两台，伸臂梁木构，重檐歇山顶。枕梁依“水浸千年松，晾起千年枫”的古训，选用 4 根巨枫架设。

桥头 3 块石碑，反面为维修桥记和捐款人名单，正面镌刻毛泽东语录。其一，“领导我们事业的核心力量是中国共产党。指导我们思想的理论基础是马克思列宁主义”；其二，“人民、只有人民，才是创造世界历史的动力”；其三，“我们应当相信群众，我们应当相信党，这是两条根本的原理。如果怀疑这两条原理，那就什么事情也做不成了”，落款皆为“1968・12”（图 3-7-67）。

a)

图 3-7-67

① （清）陆廷灿：《续茶经》，卷下八之出，清雍正十三年刻本。

b)

图 3-7-67　新化崇山湾风雨桥
（邓智前 供图）

1935 年 12 月 12 日，贺龙率红二军团 9000 余人抵新化奉家镇上团村、下团村和寨园村一带休整。12 月 14 日，全体将士从上团出发，经由崇山湾风雨桥，翻越风车巷山界，转移至水车镇白源村①。

### 128. 新化双林桥

位于新化县奉家镇双林村，清道光七年（1827）建造，光绪年间（1875—1908）复修。独墩两孔，木构廊亭，单檐悬山顶（图 3-7-68）。

a)

图 3-7-68

① 贺朝新，杨亲福：《百年风雨桥 沧桑红军路》，《娄底晚报》，2014 年 2 月 26 日第 06 版。

b)

图 3-7-68 新化双林桥（郭杏初 齐成林 摄）

### 129. 新化鸭婆桥

又名沧浪桥，位于新化县西河镇鹅塘村，跨沧浪水，始建于清道光年间（1821—1850），光绪十三年（1887）重修。

桥长 14 米，宽约 7 米；单孔石拱，木构桥廊，桥头檐下有泥塑鸭婆及“鸭婆桥”三字，单檐歇山顶覆小青瓦（图 3-7-69）。

a)

图 3-7-69

b)　图 3-7-69　新化鸭婆桥（全凯 摄）

## 130. 新化长丰桥

位于新化县天门乡长丰村，跨正江水，清咸丰元年（1851）建造。

桥长 27 米，宽 3.6 米；单孔两台，叠梁伸臂；木构桥廊，重檐硬山顶，神龛供奉关帝，两端设庑殿顶牌楼（图 3-7-70）。

图 3-7-70　新化长丰桥（全凯 摄）

由于位处偏僻，民风古朴，咸丰元年（1851）梁书“皇帝万岁”“帝道遐昌 皇图巩固”（图 3-7-71），与题于咸丰二年（1852）、隆回滕头岭茶亭梁书“帝道遐昌 皇图巩固”等文，历经辛亥革命时期的“砸龙牌”（万岁牌）、“文化大革命”时期的“破四旧”等得以保留，成为不可多得的文物。

图 3-7-71 梁书“皇帝万岁”“帝道遐昌 皇图巩固”

## 131. 新化横板桥

又称余庆桥，位于新化县天门乡金马村，是新化通往溆浦的要津，跨镇溪水，清代中期建成。

桥长 38 米，宽 4.5 米，单孔两台，木伸臂梁，木构桥廊，重檐庑殿顶。桥头排列道光至民国时期碑刻六通，其中的道光《奉宪示禁碑》云：“从来规约不监则弊灾多生，贼盗不除则良善难靖，因故立此禁碑。永禁来往差役乘轿。”（图 3-7-72）

图 3-7-72 新化横板桥（吴卫平 摄）

## 132. 新化火石桥

又称复兴桥，位于新化县金凤乡竹林村，金凤庵通往溆浦的茶马古道上，因敲击桥下巨石能迸出火星而得名。始建于清康熙年间（1662—1722），1936 年重修（图 3-7-73）。

图 3-7-73　新化火石桥
（曾国军 摄）

### 133. 新化新安桥

位于新化县金凤乡命田村，跨坪溪水，始建于清乾隆七年（1742），历咸丰、同治、光绪、中华民国及2017年多次维修。

桥长20米，宽5.25米；单孔两台，木构桥廊，重檐歇山顶（图3-7-74）。

图 3-7-74　新化新安桥（彭志 摄）

### 134. 新化聚星桥

位于新化县桑梓镇聚星村，新化通蓝田茶马古道上，清咸丰年间（1851—1861）建造（图3-7-75）。

图 3-7-75　新化聚星桥（邓智前 供图）

### 135. 新化黄泥桥

位于新化县桑梓镇黄泥桥村，跨黄泥溪，清同治年间（1862—1875）建造，中华民国时期（1912—1949）重修。

桥长 10.5 米，宽 4 米；单孔两台，巨木为梁，木构桥廊，两侧置栅栏坐凳，单檐悬山顶，两端设悬山牌楼（图 3-7-76）。

图 3-7-76　新化黄泥桥（彭志 摄）

### 136. 新化雷打洞风雨桥

位于新化县白溪镇大兴村，大熊山上，跨盐龙界瀑布，1916 年建造，2021 年 12 月毁于火，暂未修复。

省内唯一跨瀑布廊桥。长 18.2 米，宽 5.2 米，桥面离水面高约 20 米，伸臂梁外侧置木板防风雨，木构桥廊，重檐悬山顶（图 3-7-77）。

a) (邹新设 摄)

b) (邓智前 供图)

图 3-7-77　新化雷打洞风雨桥

## 137. 新化东岭风雨桥

位于新化县游家镇东岭村，跨双江溪，中华民国时期（1912—1949）建筑。桥长 13 米，宽 5 米；独墩两孔，木构桥廊，单檐悬山顶（图 3-7-78）。

图 3-7-78　新化东岭风雨桥（邓智前 供图）

## 138. 新化前进风雨桥

位于新化县油溪乡前进村，修建年代不详。独墩两孔，木构桥廊，单檐悬山顶（图 3-7-79）。

图 3-7-79　新化前进风雨桥（彭立 摄）

## 139. 新化指丰风雨桥

位于新化县油溪乡指丰村，修建年代不详。独墩两孔，木构桥廊，单檐悬山顶（图 3-7-80）。

图 3-7-80　新化指丰风雨桥（彭立 摄）

### 140. 溆浦两江桥

位于溆浦县三江镇两江村，是溆浦通往新化、安化的要津，跨善溪水，清道光年间（1821—1850）建造，2021 年复修。

长 32.96 米，宽 6.28 米，独墩两孔，伸臂式木构，重檐硬山顶（图 3-7-81）。

a)

图　3-7-81

b)

图 3-7-81 溆浦两江桥（刘景成 雷文录 摄）

1935 年 12 月，红六军团长征途经该桥，部分战士留宿桥上。

### 141. 溆浦锡泥桥

位于溆浦县岗东乡锡泥村，跨资水支流岗东河上游。始建年代不详，1970 年代水毁复修时，西侧建两孔木桁架梁廊桥，为省内独创；东侧修混凝土梁桥（图 3-7-82）。廊桥东侧门额有浮雕、顶梁有“文化大革命”时期标语，重檐硬山顶。

a)

图 3-7-82

b)

图 3-7-82　溆浦锡泥桥（彭志 摄）

### 142. 隆回竹溪桥

位于隆回县司门前镇竹山院村，始建于元明之际，1935 年复修。“江西填湖广”时迁居当地的欧阳氏族谱绘有竹溪桥旧图——独墩两孔、木构桥廊（图 3-7-83），1995 年改建单孔石拱廊桥（图 3-7-84）。

桥长 19 米，桥面宽 4.1 米，通高 9.2 米，六开间，单檐悬山顶。

图 3-7-83　欧阳氏族谱绘制的竹溪桥旧图

图 3-7-84　改建后的竹溪桥
（严均 摄）

## 143. 隆回石杨桥

位于隆回县司门前镇石杨桥村，跨吉水，始建于明初，清咸丰八年（1858）重修，2003 年大修。

桥长 42 米，宽 4.4 米；三墩四孔，上架李树木梁，廊亭 20 开间，第 1—10 开间架在河上，11—19 开间落于平地，桥中神龛供奉关帝，上水一侧置挡风雨板；中间建有重檐庑殿、两端为单檐庑殿桥亭（图 3-7-85）。传说清代启蒙思想家、《海国图志》的作者魏源，少时曾游历此桥。

a)

图　3-7-85

b)

图 3-7-85　隆回石杨桥（邵阳市交通运输局 供图）

## 144. 隆回石龙桥

位于隆回县司门前镇黄花村，清道光年间（1821—1850）建造，1992 年邹鹏奇先生捐资重修。

桥长 30 米，桥面宽 3. 8 米；独墩两孔，混凝土桥面，木构桥廊，中间建有重檐阁亭，神龛供奉关帝；两端砌筑马头墙，门楣堆塑双龙戏珠，桥头石碑镌刻捐资、献工料者姓名（图 3-7-86）。

图 3-7-86　隆回石龙桥（刘长青 摄）

邹鹏奇（1909—2005），隆回司门前人，第三次长沙会战期间率国民革命军第 92 师 275 团重创日军第 13 骑兵联队，被誉为第九战区“老虎团长”。后历任国民革命军第 99 师师长、99 军军长和金门防卫副司令、“国防部”预训司令、“总统府”战略顾问等职。

### 145. 隆回关王桥

位于隆回县罗洪镇上罗洪村，跨春溪水，清顺治十五年（1658）王、邹、晏氏建造，1995 年水毁，遗迹尚存。

原桥长 10.5 米，宽 7.1 米，通高 10 米；单孔石拱，木构桥廊，神龛供奉关公，桥旁石刻小庙供奉土地，遗存历代碑刻四通（图 3-7-87、图 3-7-88）。

图 3-7-87 关王桥原貌

图 3-7-88 关王桥旁遗存的土地庙（邹骀 摄）

### 146. 隆回湖桥

又称甯湖桥，20 世纪 60 年代曾改名“革命桥”，位于隆回县西洋江镇湖桥村，乾隆三十七年（1772）建造。

桥长 27.2 米，宽 6.45 米，三墩四孔，木构桥廊，16 排架 64 柱，重檐庑殿顶，中间建有单檐歇山顶亭阁；“甯湖桥”匾下有“乾隆叁拾柒年”字样，后面一块编竹夹泥匾上书“革命桥”（图 3-7-89）。

a)

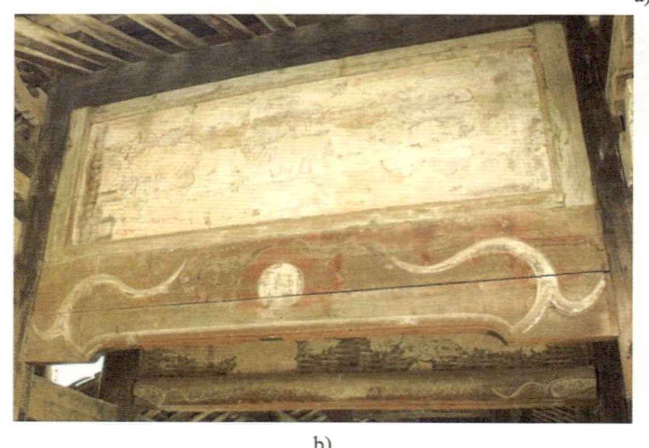
b)

c)

图 3-7-89　隆回湖桥（姜子程 供图）

### 147. 隆回里仁桥

位于隆回县西洋江镇里仁村，清乾隆四十年（1775）建造，同治十二年（1873）重修，2012 年维修。

桥长 11. 8 米，宽 4 米；单孔两台，六开间，东端接入民居，西端为庑殿顶门楼，中间建有悬山顶亭阁，神龛供奉土地和水仙夫人（图 3-7-90）。

“里仁”出自《论语 · 里仁篇》：“子曰：‘里仁为美，择不处仁，焉得知?’”省内以里仁命名的处所，有浏阳“里仁书院”等。

图 3-7-90 隆回里仁桥（彭志 摄）

## 148. 隆回江口桥

位于隆回县七江镇双桂村，跨江口溪，始建于清乾隆年间（1736—1796），1934 年重修。

桥长 14.6 米，宽 6.2 米，桥面以上高 4.16 米，单孔两台，单檐悬山顶，神龛供奉关公（图 3-7-91）。

七江民俗文化丰富，是湖南“群众文化艺术之乡”。梅山先民渔猎时所用炭灯和火把发展而来的“七江炭花舞”，已入选国家级非物质文化遗产名录（图 3-7-92）。

图 3-7-91 隆回江口桥（彭志 摄）

图 3-7-92　七江炭花舞（李锋 摄）

## 149. 隆回长寿桥亭

又叫斯桥亭，位于隆回县七江镇双桂村，跨大湾水，中华民国时期（1912—1949）建造，2008 年重修。

桥长 11.35 米，面宽 4.15 米；单孔两台，抬梁式构架，5 开间，神龛供奉关公，单檐悬山顶（图 3-7-93）。

a)

b)

图 3-7-93　隆回长寿桥亭（彭志 严均 摄）

### 150. 隆回铁炉下桥

位于隆回县七江镇双合村，跨铁炉下水，中华民国时期（1912—1949）建造，2010 年重修。

桥长 9.1 米，宽 4.1 米；单孔两台，抬梁式构架，神龛供奉关公，单檐悬山顶（图 3-7-94）。

图 3-7-94 隆回铁炉下桥（彭志 摄）

### 151. 隆回洪山桥

原名洪沙塘桥，位于隆回县高平镇红山村。清道光《宝庆府志》载："有洪沙塘桥跨高坪水。"[①] 2008 年，该桥改建为混凝土梁。

桥长 20 米，宽 4.2 米；独墩两孔，穿斗式构架，10 开间，单檐歇山顶阁亭，神龛供奉关帝（图 3-7-95）。

图 3-7-95 隆回洪山桥（彭志 摄）

### 152. 冷水江柳溪桥

位于冷水江市沙塘湾街道毛易村，为旧时新化通往蓝田（今涟源）、湘乡的要津，跨柳溪，始建于明宣德年间（1426—1435），传为一寡妇捐建，清康熙年间（1662—1722）改建石拱，2016 年修缮。

---

① （清）道光《宝庆府志》，卷第六十七，清道光二十七年修中华民国二十三年重印本。

桥长34.5米，宽4米，通高11.3米；三孔石拱，桥面覆青石板，木构桥廊分13开间，梁柱绘有“太极图”及匠人、木工姓名墨迹；中间建有重檐歇山顶阁亭，神龛供奉关帝（图3-7-96）。古时桥上有义舍施茶，供过往客人饮用，煮茶之水取自桥下溪边古井。

图3-7-96　冷水江柳溪桥（彭志 黄腾飞 摄）

## 153. 冷水江观音阁桥

位于冷水江市中连乡南宫村，始建于明代中叶。单孔石拱，木构桥亭，单檐悬山顶（图3-7-97）。

a)观音阁桥

b)桥面铺有寓意吉祥的双鲤浮雕

图 3-7-97 今水江观音阁桥（彭志 摄）

## 第八节 湘安古道

湘安古道分布于湘乡、宁乡、涟源（图 3-8-1）、安化。

湘潭通安化梅城的古道，联结湘资水系，贯通今湘乡、宁乡、涟源、安化等地，是旧安化前四乡中的常丰乡（今梅城、乐安、清塘铺、栗林、高明等地）、丰乐乡（今涟源桥头河、七星街、伏口等地）茶叶销往湘潭、汉口的主通道，湖南省级文物保护单位。

图 3-8-1 湘安古道涟源段上的石刻棋盘（刘颂华 摄）

鸦片战争后，红茶贸易大增，“粤商鼓帆取道湘潭，抵安化境倡制红茶”①。主要经由该道。清咸丰五年（1855）湘乡设厘金局，以茶税为大宗。《湘潭经济史略》记载：“湘潭县产茶仅能自足，却是湖南茶叶外销的中心，涟水上游安化、新化、湘乡所产之茶大多汇聚于此。”②

据清光绪《复修半排上乐善亭碑记》，道光年间（1821—1850）陶澍、罗绕典曾由湘安古道往返安化、湘潭等地，“皆有题墨”。1917、1927年，毛泽东曾沿该道“游学”和进行农村社会调查③。

### 154. 安化腰坝桥

位于安化县乐安镇官溪村，跨官溪水，始建于明正统年间（1436—1449），清嘉庆六年（1801）、同治十三年（1874）、光绪十六年（1890）多次修缮，2013 年复修。湖南省级文物保护单位。

桥长 26.2 米，宽 3.5 米，通高 8 米；两墩三孔，悬臂挑梁，重檐歇山顶，神龛供奉关帝，南端桥头建庑殿顶楼阁。桥联“腰坝坚强几度衰微终崛起；廊桥焕彩重新装点更妖娆”（图 3-8-2）。桥旁立毛泽东手迹《归国谣》碑（图 3-8-3）。

图 3-8-2 安化腰坝桥（黄腾飞 摄）

---

① 前揭雷男等：《湖南安化茶叶调查·续言》，引自彭泽益：《中国近代手工业史资料》北京：中华书局，1962 年，第一卷，第 481 页。

② 尹铁凡：《湘潭经济史略》，长沙：湖南人民出版社，2003 年，第 123 页。

③ 常立军：《重走青年毛泽东安化游学之路》，《潇湘晨报》，2022 年 6 月 19 日 A08 版。

1917年暑假，毛泽东与萧子升等“游学”安化，夜宿腰坝桥时写下《归国谣》：“今宵月，直把天涯都照彻。清光不令青山失，清溪却向青滩泄。鸡声歇，马嘶人语长亭白。”①

图3-8-3　毛泽东手迹《归国谣》碑（全凯 摄）

### 155. 安化茸龙桥

位于安化县清塘铺镇八里潭村，清代建成，2014年修缮。桥长15.5米，宽3.5米；独墩两孔，木构桥廊，重檐庑殿顶（图3-8-4）。

a)

图 3-8-4

① 丁正梁：《〈归国谣〉似为毛泽东1917年游学时所作》，《党的文献》，2008年第6期。

b)

图 3-8-4 安化茸龙桥
（欧阳红焰 供图）

### 156. 安化木家桥

位于安化县清塘铺镇木桥村，1942 年建造。桥长 15.3 米，宽 3.6 米；单孔两台，木构桥廊，重檐庑殿顶（图 3-8-5）。

图 3-8-5 安化木家桥
（欧阳红焰 供图）

# 第四章　沅水流域廊桥

沅水源出贵州苗岭，上游清水江于芷江大龙入湘，至托口汇渠水始称沅水，继经中方、溆浦、辰溪、泸溪、沅陵、桃源、武陵、鼎城，在汉寿入西洞庭湖。干流长 1033 公里，其中湖南省内 568 公里；流域面积 89163 平方公里，其中湖南占有 51066 平方公里。

新石器时代，发轫于沅水中上游的高庙文化①，孕育了宗教艺术和印纹白陶工艺，成为中华文明重要发祥地。人文历史时期，高辛氏以女配神犬盘瓠②、巴五子居五溪而长③等传说，凸显了以傩文化、巫文化、盘瓠文化为特色的五溪文化的多样性。

沅水流域遗存古代廊桥 115 座，主要分布于诚融通道、湘川盐道、烟银特道、湘黔驿道及其支线道路上。

## 第一节　湘黔古官道北线

湘黔古官道北线包括武陵、桃源、沅陵、辰溪、泸溪、怀化、溆浦、麻阳、凤凰、芷江、晃州。

主线自长沙经宁乡、益阳、武陵、桃源、沅陵、辰溪、怀化、芷江、晃州至贵州玉屏，其中武陵至晃州段是北京至云贵官道④的一段；另由辰溪转麻阳、凤凰接贵州铜仁；或由湘中穿雪峰山，经溆浦、辰溪转云贵，沿途汇入若干支线或商旅道路。

清初“三藩之乱”平定后，为巩固西南，朝廷整修湘黔滇驿道，增添步站、腰站，调整各驿站距离，加强马匹与排夫、健夫配置。乾隆时（1736—1796），辰阳、界亭、马底、船溪、山塘、沅水、罗旧、晃州等驿各设马 45 匹、排夫 75 名，配置堪比岳州、长沙、衡州等枢纽驿站。各驿设轿夫若干，迎送过往官吏及番国使节⑤。

清嘉庆二十四年（1819）六月十九日，赴任云南乡试主考官的林则徐自界亭驿西行，在马鞍塘遇缅甸贡象，当晚在马底驿住宿。

图 4-1-1 为湘黔古官道辰溪船溪驿站旧址。

---

① 有观点认为，居住在以沅湘流域和洞庭湖区为中心的高庙文化先民，是当时中国境内最为强盛的族群，并推测高庙文化早期遗存为人文始祖伏羲氏族创造，高庙文化晚期遗存及其后续的大溪文化遗存为炎帝氏族创造；伏羲是炎帝神农氏的直系祖先，高庙文化所在区域是中国上古邦国文明的发源地。参见肖军、黄巍、周圣华：《发掘怀化高庙遗址：“高庙文化”颠覆传统认知》，《湖南日报》，2016 年 6 月 16 日。

② 《史记 · 五帝本纪》。

③ 《后汉书 · 南蛮西南夷列传》。

④ 由北京经正定、顺德、卫辉、新郑、南阳、襄阳、荆州，再经常德、辰州、沅州、晃州、镇远、贵阳、曲靖，以达昆明。

⑤ 蒋响元：《筚路蓝缕　以启山林——湖南古代交通史（史前至清末）》，北京：人民交通出版社股份有限公司，2020 年，第 410 页。

图 4-1-1　湘黔古官道辰溪船溪驿站旧址（向娟 摄）

1. 桃源遇仙桥

位于桃源县桃花源景区，跨桃花溪（图 4-1-2），明天启年间（1621—1627）桃源县主簿孙廷蕙修筑石拱，清康熙年间（1662—1722）湖广提督俞益谟增建桥亭。桥柱楹联："花藏仙溪，落英何许流出；水引渔郎，春风不知从来。"

图 4-1-2　桃源遇仙桥（刘伯源 摄）

桥旁立一块有趣的《题遇仙桥》诗碑（图 4-1-3）。其文曰：

洞彼仙人下象棋
源始觉星斗移少
桃停期底弹琴黄
到响佳牛郎又冠
得鼓会女织赋归
时钟闻惟静诗道
机忘尽作而几观

全诗格律平仄严谨，但按顺序却念不成句，正确读法是从七言诗中间的“牛”字开始，按顺时针向外旋转扩读：

牛郎织女会佳期，月底弹琴又赋诗。
寺静惟闻钟鼓响，音停始觉星斗移。
多少黄冠归道观，见几而作尽忘机。
几时得到桃源洞，同彼仙人下象棋。

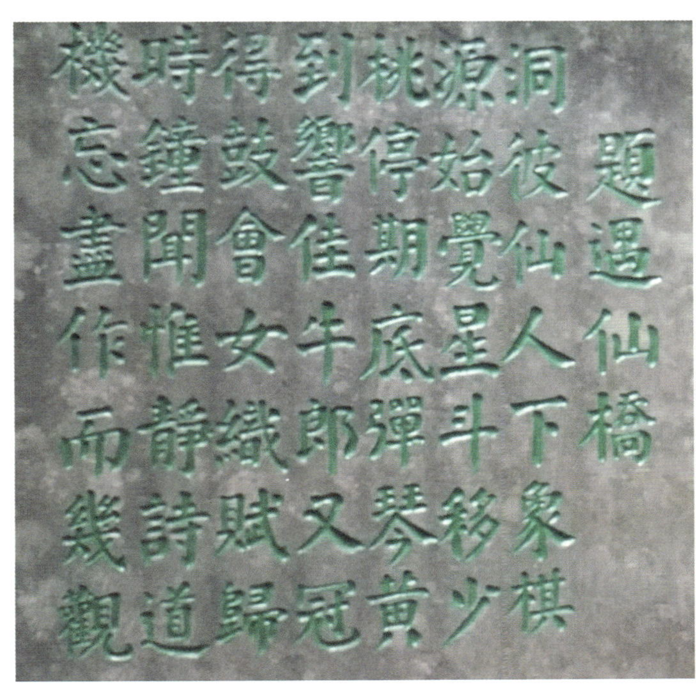


图 4-1-3 《题遇仙桥》诗碑（刘伯源 摄）

**2. 桃源真龙桥**

位于桃源县牛车河镇真龙桥村，跨文童溪，始建于明末（图 4-1-4）。

图 4-1-4 桃源真龙桥（王英党 摄）

贺龙元帅少年时，曾随马帮往来桑植、大庸、桃源、慈利、澧州等地贩盐①。“贺龙两把菜刀闹革命”故事就发生在桃源、慈利交界的两水井②。1935 年 2 月，红二、红六军团一部经该桥前往慈利溪口，打响湘鄂川黔革命根据地反“围剿”第一仗——棉花山阻击战。

### 3. 桃源殷家桥

位于桃源县牛车河镇殷家桥村，桃源至慈利古官道上，跨牛车河，始建于明末，清道光十一年（1831）重建桥亭。清光绪《桃源县志》载：“沈世香，倡修殷家桥，高岩磴、毛家河桥屋，行者便之。”③

桥长 9.5 米，宽 3.5 米，梁由 9 根巨木拼成，四柱三间，抬梁式木构，重檐歇山顶（图 4-1-5）。

1934 年 12 月，红二、红六军团为策应中央红军长征，攻取浯溪河、桃源等地后，曾在此休整。1943 年 11 月，国民革命军第 74 军上尉徐岐山参加常德会战时途经此桥，留下豪情满怀的卫国诗篇。

图 4-1-5　桃源殷家桥（印蔼生 摄）

### 4. 沅陵桥梓坪风雨桥

又名红军桥，位于沅陵县清浪乡八方村，始建于清咸丰年间（1851—1861），1918 年重修。

桥长 24 米，宽 3.6 米，通高 12 米；独墩两孔，上架 12 根巨大龙木，每孔 6 根；木构桥廊，中悬古钟，主梁彩绘阴阳鱼和日月图案，单檐歇山顶（图 4-1-6）。

1935 年 11 月 21—24 日，红二、红六军团突破国民党军沅水防线，兵分三路挺进湘中，在桥梓坪短暂驻扎，部分战士宿营桥上。

---

① 贺龙与桃源。常德市民政局，https：//mzj. changde. gov. cn/mzdt/ksdt/content_ 820766.

② 桃源县党史办：百年风华 · 党史上的桃源丨贺龙在桃源。视外桃源，http：//xhncloud. voc. com. cn/portal/news/show? id = 1428449.

③（清）光绪《桃源县志》，卷之九，清光绪十八年刊本。

a)

b)

图 4-1-6 沅陵桥梓坪风雨桥（王启亿 摄）

### 5. 沅陵寨育桥

位于中国传统村落——沅陵县七甲坪镇三星村，重阳古树下，沅陵往桃源、大庸的盐茶古道上。桥长约 10 米，单孔两台，斜撑支护，木构桥廊，单檐悬山顶（图 4-1-7）。

三星村位处怀化、常德、张家界三市交界之处，民俗风情浓郁，吊脚楼、水碾、旱榨房（榨油作坊）等建筑保存完好，傩戏、薅草锣鼓、糊仓、九子鞭、土地戏、土家刺绣等土家文化多姿多彩。

图 4-1-7　沅陵寨育桥（全建国 摄）

### 6. 沅陵胡家溪土家花桥

位于中国传统村落——沅陵县明溪口镇胡家溪村，沅陵通永顺、保靖古商道上，跨胡家溪，始建于明，民国时重建石门。

桥长 12 米，两端门额分别镌刻“永远巩固”“广种福田”，“文化大革命”期间改为“为人民服务”“跟共产党走”（图 4-1-8）。

图　4-1-8

图 4-1-8　沅陵胡家溪土家花桥（彭福林 摄）

### 7. 沅陵上寨风雨桥

位于沅陵县火场土家族乡上寨村，沅陵通大庸茶盐古道上，清代建筑，2018 年重修。

火场土家渔鼓、鸟文化源远流长（图 4-1-9、图 4-1-10），每月都有斗鸟活动，素有鸟乡之称，一年一度的画眉鸟文化节更是盛况空前。

图 4-1-9　风雨桥上渔鼓乐（唐世兴 摄）

a)

b)

图 4-1-10　火场土家“斗鸟”（邱海波 摄）

8. 沅陵林家桥

位于沅陵县筲箕湾镇双炉村，中华民国期间修建。

单孔石拱，木构桥廊，单檐悬山顶(图 4-1-11)。桥处山腰，溪水从桥下流出后坠落二三十米高的石崖。

图 4-1-11 沅陵林家桥（王启亿 摄）

### 9. 辰溪船溪驿站风雨桥

位于辰溪县船溪乡船溪驿站①入口、北京至云贵驿道主线上，明洪武十五年（1382）建造。

单孔石拱，木构桥廊，单檐硬山顶（图 4-1-12），桥门篆刻“北达京都　南抵云贵”字样，旁有上马石和下马石，供官员上马和下马之用。

a)

图 4-1-12

① 船溪驿始建于元，清乾隆二十六年（1761）裁驿丞置巡司，设驿马 45 匹，排夫 75 名。鼎盛时期，驿站建有驿馆、会客堂、客房、屯兵楼、驿卒房、栓马场、烟馆、茶楼、仓库等建筑，仅屯兵楼可驻军一万两千多人。

b)

图 4-1-12 辰溪船溪驿站风雨桥（肖典喜 摄）

### 10. 辰溪永兴桥

位于辰溪县锦滨镇周家湾村，湘黔古官道上，邻山塘驿，跨野龙溪，始建于明，清嘉庆（1796—1820）、光绪（1875—1908）年间及 2016 年多次补修。

桥长约 20 米，桥面宽 3.5 米；单孔石拱，木构凉亭，桥面两侧中间砌有一段石墙，单檐悬山顶（图 4-1-13），内存历代碑刻 5 块。

a)

图 4-1-13

b)

图 4-1-13 辰溪永兴桥（张昌六 摄）

### 11. 辰溪板桥风雨桥

位于辰溪县孝坪镇板桥村，跨罗衣溪，清光绪二十七年（1901）建造。独墩两孔，穿斗式木构，单檐硬山顶（图 4-1-14）。

a)

图 4-1-14

b)

图 4-1-14　辰溪板桥风雨桥（彭志 肖典喜 摄）

板桥村原属沅陵，后归辰溪，以板桥风雨桥得名。

#### 12. 辰溪双溪风雨桥

位于辰溪县黄溪口镇双溪村，跨玉带溪，清道光年间（1821—1850）建造，1980 年重修。独墩两孔，木构桥廊，重檐歇山顶，神龛供奉水神杨公菩萨（杨漱）神像（图 4-1-15）①。

#### 13. 辰溪朱柿坡风雨桥

位于辰溪县龙头庵乡雪峰村，沅水河畔，民国初年修建。单孔石拱，木构廊亭，单檐悬山顶(图 4-1-16)。

图 4-1-15　辰溪双溪风雨桥（沅江纤夫 摄）

① 古时沅水下游以征五溪蛮的东汉伏波将军马援为水神，建伏波庙；上游苗瑶侗族聚居地区，则奉土著神杨漱为水神，建杨公庙。

图 4-1-16 辰溪朱柿坡风雨桥（黄老大 摄）

## 14. 辰溪冲口桥亭

位于上蒲溪瑶族乡茶园村，民国十年（1921）乡绅米昭碧等人倡修。单孔石拱，木构廊亭，单檐悬山顶（图 4-1-17）。

图 4-1-17 辰溪冲口桥亭（彭志 摄）

## 15. 泸溪接龙桥

原名万善桥，位于泸溪县洗溪镇芭蕉坪村，联结椰木界、雷公界与云长界三座大山。清光绪三十三年（1907）建造，族首张高清采用村民筹工筹料、社会筹资方式建设，募捐远至常德、铜仁等地，1964 年、2003 年修葺。

单孔石拱，两侧石阶上建供奉祭祀用的吊脚楼，中建重檐阁楼（图 4-1-18），桥体雕龙画凤，构图轻盈，彰显了苗族高超的建桥艺术。

图 4-1-18　泸溪接龙桥（欧阳仕君 摄）

芭蕉坪村与吉首市、古丈县接壤，位处湘西苗语东部次方言峒头寨语支（西起泸溪洗溪峒头寨，东至古丈岩头寨）中心地带，被称为“一坪挑两寨”。保有国家级非物质文化遗产“苗族挑花”、省级非物质文化遗产“苗族跳香”，以及舞龙狮、团圆鼓、对苗歌、还傩愿、咬犁头等民俗文化。

### 16. 泸溪茅茂田风雨桥

位于泸溪县长坪乡茅茂田村，始建年代不详。

桥长约 10 米，宽 3 米；单孔两台，为增强承重能力和稳定性，采用了斜撑式木构（六根斜撑木柱支撑一个与桥台等高的框架）形式，上铺原木形成梁体，横置厚板桥面，两侧设栅栏长凳，单檐悬山顶（图 4-1-19）。

图 4-1-19　泸溪茅茂田风雨桥（湘西土家族苗族自治州交通运输局 供图）

## 17. 泸溪达岚风雨桥

位于泸溪县达岚镇，古代泸溪、浦市通麻阳、凤凰要道上。单孔石拱，木构廊亭，重檐歇山顶（图4-1-20）。

a)

b)

图4-1-20 泸溪达岚风雨桥（湘西土家族苗族自治州交通运输局 供图）

## 18. 溆浦穆公桥

位于溆浦县龙潭镇岩板村，始建于明嘉靖年间（1522—1566），吴姓永穆公倡修。

两墩三孔，木构桥廊，重檐悬山顶。1995年6月，一孔梁架被洪水冲毁，次年维修时原毁木梁浇筑混凝土，形成木、混凝土混合梁（图4-1-21）。

图 4-1-21　溆浦穆公桥（刘景成 摄）

岩板是明代云南总督吴荣故里，另有全国重点文物保护单位崇实书院和被誉为“百里龙潭一枝花”的吴氏宗祠。此外，非物质文化遗产狮子龙灯和雪火龙灯也盛名远扬。

### 19. 溆浦芙蓉亭

原名袁江桥，俗名阎王殿，位于溆浦县龙潭镇芙蓉村，湘黔古道上，始建于明末清初。2003 年复修，更名“芙蓉亭”。

独墩两孔，混凝土桥面，木构桥廊，两端建亭，重檐悬山顶（图 4-1-22）。

图 4-1-22　溆浦芙蓉亭（刘景成 摄）

### 20. 溆浦黎明桥

位于溆浦县龙潭镇阳雀坡村，始建于清乾隆年间（1736—1796）。独墩两孔，木构廊亭，单檐歇山顶（图 4-1-23）。

1935 年 12 月，红六军团途经阳雀坡村，部分战士宿营桥上。1945 年抗日战争雪峰山会战（又称湘西会战）期间，王耀武部独立营和通讯连驻扎该村。

黎明桥上联曰：“黎明古桥经风雨，阳雀报春唱新歌。”

a) (吴立波 摄)

b) (佚名 摄)

图 4-1-23　溆浦黎明桥

## 21. 溆浦胜利桥

原名龙形桥，又名赛龙桥，位于溆浦县龙潭镇小黄村，跨圭洞水。是湖南省内唯一石伸臂石木混合梁廊桥，两墩三孔，木构桥廊，单檐悬山顶（图 4-1-24）。

a)

b)　　c)

图 4-1-24　溆浦胜利桥（全凯 摄）

距龙形桥不远，有座鹰形山。1945 年，著名的雪峰山会战鹰形山战斗发生在此。同年秋，在其对面弓形山上修建烈士陵园（图 4-1-25），改鹰形山为英雄山、龙形桥为胜利桥。时任湖南蓝田国立师范学院（现湖南师范大学）国文系主任钱基博（钱钟书之父）先生在碑文中写道：

彼狡者寇，堕我百城。百城可堕，众志不倾！龙潭寸隘，屹莫我争。非隘之严，而气愤盈。成师以出，誓死无生。刈寇如草，曾不闻声。寇血以沥，我尸亦横。敛骸巍冢，化魄长庚。千秋万岁，仰莫与京！

图 4-1-25 湘西会战阵亡将士陵园之纪念塔、千秋亭和英烈墓（田文国 摄）

### 22. 溆浦合力桥

位于溆浦县龙潭镇太和村，建造年代不详。四孔石拱，木构桥廊，单檐歇山顶，桥端筑弧形阁亭（图 4-1-26）。

图 4-1-26 溆浦合力桥（金凯 摄）

### 23. 溆浦万寿桥

又名画桥，位于溆浦县黄茅园镇万寿村，跨龙潭河。明崇祯九年（1636）修建，清乾隆八年（1743）、嘉庆三年（1798）、道光十四年（1834）、咸丰九年（1859）、1929 年、1945 年、1990 年及 2006 年先后维修。

桥长 60 米，宽 4 米，高 4.5 米；四墩五孔，四层鹊木，九根合抱大树并列为梁；桥廊二十四开间，两端建歇山顶龙脊门坊，枋檐下为如意斗拱，中置重檐六角攒尖顶塔阁（图 4-1-27），上书“飞阁流丹”，阁内藻井彩绘山水、花鸟，神龛供奉杨泗将军。

a)

b)

图 4-1-27　溆浦万寿桥（吴卫平 摄）

万寿桥古扼宝庆、洞口通洪江、芷江等地要隘，地理位置重要。1935 年 12 月，红二、红六军团长征时曾从该桥经过。《中国工农红军第二方面军长征日记》（1935 年 11 月 18 日—1936 年 11 月 22 日）：

（1935 年 12 月）十二日。本拟二军团直属队到黑土坡，五师及大行李和新兵团到上下塘，六师到下塘、黑溪江，因雨雪，道路难行，改在三匡一带宿营。六军团到万寿桥。①

### 24. 溆浦廻龙桥

又称鸳鸯桥，位于溆浦县葛竹坪镇福坪村，清乾隆年间（1736—1796）修建，呈八字形跨岚水江和卜鳌河（溆水支流），是省内唯一跨两水的古廊桥。

总长 45 米（两桥各长 22.5 米），宽 4 米，高 12 米，十四开间；三墩四孔，重檐桥廊，中建三层六角桥亭，神龛供奉杨泗将军，上层亭阁书“廻龙桥”；桥头牌坊为如意斗拱，脊上堆塑双龙抢宝（图 4-1-28）。

1935 年 12 月，红二军团、红六军团从此经过。

a)（刘景成 摄）

图 4-1-28

① 《中国工农红军第二方面军长征日记》（1935 年 11 月 18 日～1936 年 11 月 22 日）。转引自蒋响元：《湖南交通文化遗产》，北京：人民交通出版社，2012 年，第 104 页。

b) (吴卫平 摄)

图 4-1-28　溆浦回龙桥

### 25. 溆浦盍园桥

俗称双江桥，又称长亭子，位于溆浦县葛竹坪镇双江村，清同治四年（1865）修建。

桥长45米，两墩三孔，三层鹊木，桥廊十四开间，重檐歇山顶；中设八角阁楼，花窗浮雕梅花图案（图4-1-29）。因木构腐朽，桥体损毁严重，2021年7月25日被拆除。

a) (刘景成 摄)

图　4-1-29

b) (吴卫平 摄)

图 4-1-29 溆浦壶圆桥

**26. 溆浦鹿洞桥**

又称木头桥，位于溆浦县葛竹坪镇鹿山村。单孔两台，巨木为梁，重檐歇山顶，两端筑弧顶桥亭，飞檐翘角（图 4-1-30）。

a)

图 4-1-30

b)

图 4-1-30　溆浦鹿洞桥（全凯 摄）

**27. 凤凰虹桥**

原名卧虹桥，位于凤凰县沱江镇凤凰古城，跨沱江，明洪武七年（1374）建造，清康熙九年（1670）重修，1955 年拆除桥廊改通汽车，2000 年复修为廊桥。为湖南省级文物保护单位。

三拱楼殿式廊桥，长 112 米，宽 8 米，孔跨 13. 8 米。上部共三层，一层中间为过道，两侧设商铺，二层设茶室，顶层为观景楼（图 4-1-31）。桥端有黄永玉撰、其弟黄永前书楹联。其一曰："今宵皓月，谁在回龙潭上，华灯楼船，彩影荡漾，弦歌映山映水；照眼春阳，廊桥正午时分，醉客雅旅，游侠高僧，靓景如梦如诗。"

a) (彭德忠 摄)

图　4-1-31

b)(吴卫平 摄)

图 4-1-31 凤凰虹桥

桥旁是黄永玉的夺翠楼。画家在散文里描述道:“一座挂满了高高低低房子的三拱桥。桥上依然一条街肆,卖粉面糕点,针线,中药材,年节用的纸钱神供,绣货,衣着,皮货,皮鞋,过路伙食,丹膏丸散。”① 沈从文在《湘行散记·滕回生堂今昔》感言:虹桥“是一个社会的雏形……我在那儿真学了不少东西,知道了不少事情。所学所知比从私塾里得来的书本知识当然有趣得多,也有用得多”②。

### 28. 凤凰溪口桥

位于凤凰县沱江镇毛边冲村,麻阳至凤凰古道上,清代建筑。桥长 6 米,面宽 3 米;单孔两台,砖木桥廊,单檐悬山顶(图 4-1-32)。

图 4-1-32 凤凰溪口桥(湘西土家族苗族自治州交通运输局 供图)

① 黄永玉:《这些忧郁的碎屑》,北京:生活·读书·新知三联书店,2003 年,第 14 页。

② 沈从文:《湘行散记》,北京:人民文学出版社,2019 年,第 104 页。原载 1935 年 1 月《国闻周报》第 12 卷第 2 期,原标题为《滕回生堂今昔——湘行散记之一》。

1934 年元月，在北平教书的沈从文回乡探母。他先搭火车到长沙，转汽车去桃源，再逆水行舟 7 日到浦市，然后乘轿经达岚、麻阳、地亭溪、溪口、官庄抵凤凰，耗时半月之久。除了路途遥远，一路上也是风险颇多。旅途之中给妻子张兆和的信上写道：“每一桨下去，我皆希望它去得远一点，每一蒿撑去，我皆希望它走得快一点。”①

### 29. 鹤城兴隆桥

位于怀化市鹤城区坨院街道四方田村，始建于清光绪十年（1884），1931 年复修，1987 年改石梁为混凝土桥面。

原桥两墩三孔，1987 年改造时填堵一孔，木构桥廊，重檐悬山顶，桥头筑有石质惜字塔(图 4-1-33)。

a)

b)

图 4-1-33　鹤城兴隆桥（彭立 摄）

① 沈从文：《湘行书简》，长沙：岳麓书社，2013 年，第 81 页。

### 30. 芷江龙津桥

位于芷江县城，湘黔古官道上，跨㵲水。原为船渡，明成化十八年（1482）始建浮桥。明万历年间（1573—1620），寺僧宽云四乡募捐，“得银一万余两，粮一千余担”，于万历十九年（1591）建成15孔石墩木梁，号称“三楚第一桥”。鉴于“桥形如龙，渡口为津，取名龙津桥可也。其意龙永驻渡口，世代吉祥。”明崇祯五年（1632），沅州郡司阮呈麟主持复修，“屋其上凡七十楹”①，遂成风雨桥。

1936年筑湘黔公路时，桥上廊亭悉数撤除，改建石墩木面梁桥。抗日战争期间成为联结大后方和中南前线重要通道，拱卫芷江基地要隘。1945年8月21日，在湖南芷江举行了中国战区受降典礼（图4-1-34），龙津桥成为抵御外来侵略的胜利丰碑。

图4-1-34 1945年8月21日中国战区受降典礼会场（彭新雪 摄）

1998年，为恢复这一历史名胜，各方筹资600余万元，聘请李秀清和邹小龙主墨重修，次年10月建成。现桥长246.7米，宽12.2米；三重檐桥廊，上置七座五重檐亭阁，通高17.99米（图4-1-35、图4-1-36）；悬柱、悬瓜、柱脚、石鼓、楼坊等构件造型优美。该桥集侗族花桥建造工艺之大成。2000年，成为吉尼斯世界纪录记载的世界最长风雨桥。

图4-1-35 芷江龙津桥（郭立亮 摄 湖南图片库 供图）

① （清）乾隆《芷江县志》，卷二，乾隆二十五年刻本。

图 4-1-36　芷江龙津桥（晏才光 摄）

### 31. 麻阳豪侠坪风雨桥

位于麻阳苗族自治县大桥江乡豪侠坪村，玉带水上，始建于明代，2017 年重修。独墩两孔，木构廊亭，单檐歇山顶（图 4-1-37）。

苗寨豪侠坪古称曹家坪，先后获评“中国传统村落”“少数民族特色村寨”，遗存最久的民居距今约 700 年。

a)

图　4-1-37

b)

图 4-1-37　麻阳豪侠坪风雨桥（王政 摄）

### 32. 麻阳地亭溪风雨桥

位于麻阳苗族自治县板栗树乡地亭溪村，浦市到凤凰古官道上，清代建筑，1962 年重修（图 4-1-38）。

图 4-1-38　麻阳地亭溪风雨桥（龙骏峰 摄）

地亭溪位处麻阳、凤凰、泸溪三县交界，以地亭溪为起点，到凤凰 40 里，到麻阳 50 里，走浦市 90 里，走踏虎 15 里。沈从文在散文《塔户剪纸花样》里写道："由浦市赴凤凰的老驿路上，就有这么一个小村子，名叫塔户。"塔户即今泸溪县合水镇踏虎村，以苗族剪纸"踏虎凿花"（国家级非物质文化遗产）闻名。

### 33. 新晃三拱桥

又称龙溪桥、三眼桥，位于新晃侗族自治县龙溪古镇，龙溪与㵲水汇合处，清乾隆年间（1736—

1796）修建。三孔石拱，桥长 50 米，高 7 米，宽 5 米，中拱浮雕斩龙剑，以镇洪水（图 4-1-39）。

a) (杨志东 摄)

b) (陈甘乐 摄)

图 4-1-39　新晃三拱桥

三拱桥古为湘黔交通要隘。1921 年，黔军王家烈部入晃州，湘军在桥上筑堡抗衡，王部回撤后碉堡随之拆除。1936 年元月，红二、红六军团经由该桥入黔。

### 34. 新晃晏家桥

位于新晃侗族自治县鱼市镇晏家村回龙头，始建于清代中期，光绪十三年（1887）增筑桥亭。2015 年，聘请贵州木匠余国勇主墨重修，仍用有文字信息的原主梁构件。

桥长 18 米，桥面宽 3.5 米；单孔石拱，木构桥廊，上建三座重檐阁亭，中亭五重鼓楼式葫芦顶（图 4-1-40），神龛供奉杨公菩萨。

a)

b)

图 4-1-40 新晃晏家桥（程木生 摄）

### 35. 中方隆庆桥

又称竹站桥，位于中方县中方镇竹站村，跨㵲水支流（图 4-1-41），清乾隆年间（1736—1796）建造，道光年间（1821—1850）重修。

竹站位处古代重湖[①]、云贵至两广西部通道要隘，自宋设竹滩寨驻守道路，元明清三朝皆在此设驿站。

---

① 洞庭湖的别称。因为洞庭湖与青草湖相通，故而得名。

a) (吴碧艳 摄)

b) (黄腾飞 摄)

图 4-1-41　中方隆庆桥

### 36. 中方黄溪风雨桥

位于中方县铜湾镇黄溪村，清代建筑。

两墩三孔，伸臂式木构，桥廊七开间，两侧设栏杆坐凳，重檐歇山顶，中建四角攒尖阁亭（图 4-1-42）。

a) (杨忠生 摄)

b) (范怀萍 摄)

图 4-1-42 中方黄溪风雨桥

黄溪村拥有原国家主席杨尚昆祖居杨家大院为代表的明清建筑群①，保存完好的古代酒肆、库铺、作坊、茶馆、学堂、庙宇、戏楼、风雨桥等，先后获评“湖南历史文化名村”“中国传统村落”。

### 37. 中方荫头桥

位于中方县接龙镇卧龙村，清嘉庆元年（1796）建造。桥长22米，两台一墩，四层鹊木，悬臂挑梁，重檐悬山顶（图4-1-43）。

图4-1-43 中方荫头桥（彭志 摄）

## 第二节 湘黔古官道南线

湘黔古官道南线包括湘潭、湘乡、双峰、邵阳、洞口、武冈、绥宁、靖州、通道等地。

该线跨湘江、资江、沅江，主线自长沙、湘潭、湘乡、永丰抵宝庆府，继经紫阳驿、洞口市、武冈州、绥宁，由靖州、通道往贵州黎平、锦屏等地，沿途汇入支线驿道②。其中，靖州是渠江流域政治、经济和交通中心，为湘、黔、桂边界重镇。

明洪武十八年（1385）六月，五开洞（今贵州黎平中潮）侗民吴勉起事，波及湘黔桂边境地区。官军以靖州为基地，步步为营，向黎平推进。十月，“擒面儿及其子吴禄，因设五开、中朝、新化、平茶、隆里、黎平等所，黄团等八驿”③，至此，湘黔南线始成。八驿即今靖州境永平驿、石家驿、江团驿、铁炉驿，黎平境西楼驿、三里坪驿、黄团驿及锦屏境铜鼓驿。“诸驿皆有百户一人，领兵哨守。”④

图4-2-1为通道侗族自治县横岭侗寨之景，图4-2-2为靖州新厂战役旧址——红军亭新貌。

---

① 赖泳源：中方黄溪古村。新湖南，https：//www. voc. com. cn/Topic/article/201309/201309061655462630. html.

② （清）悭硷山馆：《湖南疆域驿传总纂》，清光绪十四年刻本。

③ （清）康熙《靖州志》，卷之四，清康熙二十三年刻本。

④ （清）顾祖禹：《读史方舆纪要》，卷八十二湖广八，清嘉庆十七年刻本。

图 4-2-1　通道横岭侗寨（潘新田 摄）

图 4-2-2　靖州新厂战役旧址——红军亭新貌（田文国 摄）

### 38. 绥宁定远桥

位于绥宁县关峡苗族乡关峡村，跨兰溪，始建于清康熙二十三年（1684），绥宁知县范成龙捐百金倡修。为湖南省级文物保护单位。

桥长 36.97 米，宽 7.66 米，通高 11.9 米；单孔石拱，拱券龙口石饰扇形图案，刻阴文“定远桥”；木构桥廊，重檐歇山顶（图 4-2-3）。

a) (朱利 摄)

b) (黄腾飞 摄)

图 4-2-3　绥宁定远桥

定远桥古为湘黔要隘，兵家必争之地。清咸丰十年（1860），太平天国石达开部在此据险抗清。1935 年 9 月至 12 月，红六军团和红一方面军先后过桥。1945 年 4 月，国民革命军第 26 军一部防守该桥，日军关根支队在此受阻，只得改道武阳、水口西犯。

### 39. 绥宁大碑花桥

又名玉龙桥，位于绥宁县长铺子苗族侗族乡大碑村，清雍正年间（1723—1735）建造，嘉庆二十一年（1816）复修。

单孔两台，木构廊亭，神龛供奉关帝，重檐硬山顶（图4-2-4）。

a)

b)

图4-2-4 绥宁大碑花桥（全凯 摄）

### 40. 绥宁西河桥

又称万民桥，位于绥宁县寨市镇，始建于清雍正五年（1727），后屡毁屡建，2009年邑人杜勤德捐资修复。

桥长56米，宽6.9米，高3.46米，三墩四孔，木构重檐桥廊（图4-2-5、图4-2-6）；清代绥宁有二十四里，故桥建二十四排架，含“举全县二十四里之力”意；桥面分主、副道（供牲畜通过），中建五层塔式阁楼，神龛上供奉关帝、杨公菩萨和土地，牌坊塑有百余尊佛像。

图4-2-5　绥宁西河桥（黄腾飞 摄）

图4-2-6　西河桥上长龙宴

寨市镇历史悠久，相传三国时诸葛亮在此建城，唐代为徽州首府，宋元丰四年（1081）改徽州为莳竹县，崇宁二年（1103）改称绥宁县，县衙皆建于此。1930年12月21日，张云逸、邓小平率红七军由广西北上，攻占寨市，并在此休整两天①。

① 罗倩、戴瑾昕：湖南“湘”约邵阳③丨绥宁寨市古镇：千年古韵今犹在 深巷烟火待君来。红网，https://sy.rednet.cn/content/2022/05/25/11311162.html.

### 41. 绥宁上堡古国风雨桥

又名天堡桥，位于绥宁县寨市镇上堡村口。单孔石拱，木构桥廊，上建三座重檐攒尖鼓楼式阁亭（图 4-2-7）。

图 4-2-7 绥宁上堡古国风雨桥（张新华 摄）

上堡是电影《那人那山那狗》的主要外景地。明天顺四年（1460），苗侗起义军首领李天保在此建立武烈王国，置界溪省，巴流、潭泥二府，雪林州和赤板县，后被官府剿灭。这便是“上堡古国”的由来。现存金銮殿、忠勇祠、校马场、烽火台、哨堡、辕门旗杆石（图 4-2-8）等遗迹，以及苗侗民居、鼓楼、风雨桥等古建。2012 年 11 月，上堡古国被列入《中国世界文化遗产预备名单》。

图 4-2-8 辕门旗杆石

### 42. 绥宁经继桥

又名丁板桥，位于绥宁县麻塘苗族乡岩寨村，清道光二十一年（1841）建造。

桥长 16 米，宽 3.7 米；单孔石拱，六排五间木构桥廊，中建重檐四角攒尖亭阁（图 4-2-9）；藻井绘阴阳八卦图案，神龛供奉关帝、土地。

1935 年 12 月 25 日，红二、红六军团一部经由此桥前往会同。

图 4-2-9　绥宁经继桥（金凯 摄）

### 43. 绥宁文江桥

又名上团花桥，位于绥宁县乐安铺苗族侗族乡文江村，扼武冈、绥宁往靖州、通道要隘。始建于清康熙年间（1662—1722），道光十五年（1835）重修，1989 年复修。

桥长 40 米，桥面宽 3 米；三墩四孔，木构桥廊，重檐悬山顶；梁上彩绘双龙抢宝、龙凤呈祥、云彩太极等图（图 4-2-10）。

a)

图　4-2-10

b)

图 4-2-10 绥宁文江桥（谢姗姗 摄）

### 44. 绥宁清安桥

位于绥宁县乐安铺苗族侗族乡大团村，侗寨水口上，清道光八年（1828）建造，1989 年复修。

为侗族风雨桥、鼓楼组合建筑，桥长 30 米，宽 8 米；单孔石拱，重檐木构桥廊，神龛供奉关帝；桥上建三层四角阁楼，西侧筑五层六角鼓楼，均为飞檐翘角攒尖葫芦顶（图 4-2-11）。

大团村于宋开宝元年（968）由诚徽州（羁縻州）刺史、“飞山蛮”王、十峒首领杨再思第六子杨正绾创建，于 2012 年入选“中国世界文化遗产预备名录”，2014 年被命名为“中国少数民族特色村寨”。

a)

图 4-2-11

b)

图 4-2-11　绥宁清安桥（黄腾飞 摄）

## 45. 绥宁鹅公花桥

又名迴龙桥，位于绥宁县鹅公岭侗族苗族乡鹅公村，跨鹅公溪，清光绪九年（1883）建造。

桥长 12 米，桥面宽 4 米；独墩两孔，重檐桥廊，藻井彩绘八仙过海图（图 4-2-12）；中亭顶塑天鹅，下雕大象，寓意“象耕鸟耘”的远古盛世；神龛供奉关帝，桥头设土地庙。

a)

图　4-2-12

b)

图 4-2-12 绥宁鹅公花桥（杨焕礼 摄）

鹅公岭系唐末“飞山蛮”辖地，苗侗风情浓郁，有龙灯会、唱山歌、吹唢呐、舞狮子、万花茶等民俗，每逢农历三月三、九月九，都要举行民间艺术节。

### 46. 绥宁双龙桥

位于绥宁县鹅公岭侗族苗族乡拱桥村、双溪交汇处，绥宁通会同、靖州古道上，清嘉庆年间（1796—1820）建造。

单孔石拱，重檐桥廊，中建六角攒尖鼓楼式亭阁，顶梁、藻井彩绘神话故事，神龛供奉关圣，桥头立柱堆塑两条蟠龙（图 4-2-13）。

a)

图 4-2-13

b)

c)

图 4-2-13 绥宁双龙桥（全凯 摄）

## 47. 绥宁会龙桥

原名会同桥，位于绥宁县河口苗族乡竹舟江村、巫水河口，跨竹舟江，始建于清康熙年间（1662—1722），1987 年重修。

桥长 17.5 米，宽 4 米；两墩三孔，石墩石梁，桥面由 12 块条石铺成，每块长 4 米、宽 1 米、厚 0.2 米；重檐桥廊，上建三座阁亭。原桥亭塔尖、翘角堆塑鸟徽，重修时正值电视剧《西游记》热播，主事将中亭鸟徽改成了唐僧师徒（图 4-2-14）。

竹舟江古为巫水中上游物货集散地、湘西南重要商埠，清代及民国时，由绥宁与会同两县共管（绥宁管辖上节街，会同管辖下节街），划地收税。高峰时有码头十余个，商船近二十条，商铺客栈上百家，戏楼、武馆、会馆多处，商业繁盛一时。

a)

图 4-2-14

b)

图 4-2-14 绥宁会龙桥（杨焕礼 摄）

## 48. 会同玉龙桥

位于会同县金子岩侗族苗族乡金鱼口村，会同通绥宁、武冈商道上，清光绪二十六年（1900）竹舟江（原会同县辖，1952 年划归绥宁）绅商陈芝印捐建，2011 年大修。

原桥长 25 米，宽 3.5 米；单孔石拱，木构桥廊，单檐悬山顶；中建四角龙首翘尖阁亭（图 4-2-15）。大修后改为重檐悬山顶，上建三座重檐四角攒尖阁亭，藻井彩绘阴阳八卦（图 4-2-16）。

图 4-2-15 玉龙桥原貌（怀化市交通运输局 供图）

图 4-2-16　玉龙桥新姿（怀化市交通运输局 供图）

原桥主梁墨书四幅抗战标语，分别为“抗战必胜　建国必成”“国家至上　民族至上”“军事第一　胜利第一”“统一意志　集中力量”，留存至今，富有历史价值。

### 49. 会同品溪桥

位于会同县金子岩侗族苗族乡品溪村。始建年代不详，2003 年重修。独墩两孔，木构桥廊，重檐悬山顶，檐壁木雕瑞兽花草，中建六角攒尖鼓楼式亭阁（图 4-2-17）。

a)

图　4-2-17

b)

图 4-2-17 会同品溪桥（怀化市交通运输局 供图）

### 50. 会同黄土桥

又称红军桥，位于会同县马鞍镇黄土村，清代建造。长 16 米，宽 3 米；独墩两孔，菱形分水，木构桥廊，重檐悬山顶（图 4-2-18）。

1935 年 12 月 27 日，红六军团一部途经黄土村，在桥头击溃阻截红军的保安团。

a)

图 4-2-18

b)

图 4-2-18　会同黄土桥（吴卫平 摄）

### 51. 会同湖贵桥

又名地湖桥，位于会同县地灵乡团结村，邻贵州省黔东南苗族侗族自治州天柱县地湖乡地湖村，跨甄家慕寨湘黔友谊河，1921 年由附近两省侗苗民众合资兴建，2007 年复修。

桥长 17 米，宽 6 米；独墩两孔，木构桥廊，单檐悬山顶（图 4-2-19）。

图 4-2-19　会同湖贵桥（怀化市交通运输局 供图）

### 52. 靖州桂花风雨桥

位于靖州苗族侗族自治县寨牙乡芳团村，跨老鸦溪，清乾隆年间（1736—1796）建造，嘉庆三年（1798）维修，1991 年修缮。

桥长 45.8 米，宽 3.2 米；三孔石拱，孔跨 10 米，木构桥廊，中建三重檐六角攒尖阁亭，上置覆钵宝瓶，藻井彩绘八仙过海，边亭为三重檐歇山顶，桥南立有虮蝮[①]石雕（图 4-2-20）。联云：“四大皆空坐片刻不分你我；两头是路息半时各自西东。”

① 龙生九子之一，又名“赑屃”。

a)

b)

图 4-2-20 靖州桂花风雨桥（怀化市交通运输局 供图）

### 53. 靖州营寨迴龙桥

位于靖州苗族侗族自治县新厂镇营寨村，通道、靖州往贵州黎平的古道上（图 4-2-21），始建于清乾隆三十九年（1774）。

图 4-2-21　靖州营寨迴龙桥（怀化市交通运输局 供图）

1934 年 9 月 17 日，红六军团途经该桥；1934 年 12 月 13 日，红一军团二师、十五师途经该桥。其中，红十五师（即少共国际师）在营盘界击溃追击的国民党陈光中部，扫清了中央红军转兵西进的障碍。

### 54. 靖州谢家寨风雨桥

位于靖州苗族侗族自治县新厂镇和平村，通道、靖州往贵州黎平的古道上，清道光二年（1822）修建（图 4-2-22）。

图 4-2-22　靖州谢家寨风雨桥（怀化市交通运输局 供图）

1934 年 9 月 18 日晚，新厂战役前夕，红六军团部分官兵宿营谢家寨风雨桥上，阻遏尾追之敌。

### 55. 靖州平茶红军桥

位于靖州苗族侗族自治县平茶镇马路口村桥头屯，湘黔古道上。

三孔石拱，木构桥廊，上建三座鼓楼式亭阁，中亭七重檐，边亭五重檐，六角攒尖葫芦顶，桥端檐下题写“红军桥”（图 4-2-23）。

a)

b)

图 4-2-23 靖州平茶红军桥（钟志礼 张景武 摄）

1934 年 9 月 20 日红六军团、12 月 13 日红一军团及红九军团一部，先后经该桥挺进贵州。

### 56. 通道接龙桥

又称石板桥，位于通道侗族自治县溪口镇小水村，清康熙十七年（1678）建造。桥长 26 米，宽 4 米，独墩两孔，木构桥廊，石板桥面（图 4-2-24）。

接龙桥是 1934 年 9 月 15 日红六军团西征小水突围战遗址（包括八勇士跳崖遗址、红军烈士合葬墓、小水突围战指挥所旧址、红军首长行军驻扎旧址、碉堡群、神仙桥、总关桥、接龙桥共 8 处）之一（图 4-2-25、图 4-2-26）。

图 4-2-24　通道接龙桥（金凯 摄）

图 4-2-25　红六军团小水战斗纪念碑（童迪 摄）

图 4-2-26 小水神仙桥——湖南唯一栈道桥（袁秀月 摄）[①]

## 57. 通道总关桥

位于通道侗族自治县溪口镇小水村，三溪交汇处，通联湘桂黔的古官道上，故名；清代建造，1995 年修整。独墩两孔，木构桥廊，重檐硬山顶（图 4-2-27）。

a)

图 4-2-27

① 位于小水村小水河东，系在绝壁凿孔，插入粗石条，上铺 21 块宽 0.75 米、长 1.5～3 米的石板而成，清乾隆二十三年（1758）建造。

b)

图 4-2-27　通道总关桥（童迪 摄）

1934 年 9 月 15 日，红六军团侦察员在桥上与前来搜查的敌探发生冲突，打响了小水突围战第一枪。

### 58. 通道小水廻龙桥

位于通道侗族自治县溪口镇小水村，始建于清乾隆年间（1736—1796）。

单孔石拱，长 12 米，宽 4 米，木构桥廊，重檐歇山顶，中建三层鼓楼式八角阁亭(图 4-2-28)。

图 4-2-28　通道小水廻龙桥（金凯 摄）

### 59. 通道黄柏红军桥

位于通道侗族自治县大高坪苗族乡黄柏村，清代建筑，2010 年改木梁为石拱（图 4-2-29）。

1934 年 12 月，红一、红三军团和中央第一纵队（代号红星纵队）、第二野战纵队（代号红章纵队）先后自广西龙胜经通道，向贵州黎平进军。途经黄柏村时，部分红军曾在桥上宿营。

a)

b)

图 4-2-29　通道黄柏红军桥（怀化市交通运输局 供图）

# 第三节 烟银特道

烟银特道包括洪江、绥宁、洞口、隆回、邵阳等地。

清至民国，洪江（今怀化洪江市）—硖口（今洞口县洞口塘）—宝庆（今邵阳市）驿道成为“特货（鸦片、银洋）”运道，史称“烟银特道”。

云贵鸦片在洪江集散后，走长寨，穿龙船塘，过田心坪，越八面山，出板栗湾，经岩鹰界入洞口境；再经宝瑶，过搡木隘，走苦楝树，穿丝茅塘，越狗爬岩至硖口交接；继沿湘黔驿道经高沙、黄桥铺、岩口铺至宝庆分流：小部运湘潭、长沙；余由两市塘间道，经衡州、耒阳至汝城大汶圩场（湘、赣、粤烟土交易中心）分销①。

宝瑶村位处雪峰山腹地，是烟银特道重要驿站。以真人真事改编、描写运送银洋的挑夫队在雪峰山上与日军斗智斗勇的电影《古道西风》（2017 年 4 月上映），即以该村为主要取景地。

图 4-3-1 即为洞口县宝瑶村思义亭。

图 4-3-1　洞口宝瑶思义亭（王政 摄）

### 60. 洪江接龙风雨桥

位于洪江市洗马乡古楼坪村，明万历年间（1573—1620）建造。

东西走向，桥长 13.4 米，面宽 4.4 米，高 5.5 米；单孔两台，木构桥廊，单檐悬山顶，桥东门楣上书“接龙亭”（图 4-3-2）。

---

① 湖南省地方志编纂委员会：《湖南省志·交通志·公路》，长沙：湖南出版社，1996 年，第 59 页。

图 4-3-2 洪江接龙风雨桥（王政 摄）

## 61. 洪江大垅风雨桥

又称倒湾桥，位于洪江市安江镇大垅村双岔溪，清乾隆年间（1736—1796）建造，光绪十六年（1890）复修。

桥长 23.3 米，宽 4 米，八开间；独墩两孔，悬臂式木构，上建三座阁亭，神龛供奉关帝，梁饰浮雕，藻井彩绘二龙戏珠图案（图 4-3-3）。

a)

图 4-3-3

b)

图 4-3-3 洪江大垅风雨桥（彭志 易盛韩 摄）

## 62. 洪江株竹风雨桥

位于洪江市雪峰镇株竹村，清光绪年间（1875—1908）建造。

三墩四孔，石伸臂上架八根巨木，木构桥廊，12 开间，桥面铺梓木板，单檐硬山顶（图 4-3-4）。

图 4-3-4 洪江株竹风雨桥（易盛韩 摄）

## 63. 洪江乐安桥

位于洪江市铁山乡铁山村，跨杨柳溪，清光绪十二年（1886）建造。因年久失修，桥亭垮塌，2004 年改建为混凝土梁桥（图 4-3-5）。

原桥长 30. 8 米，宽 4 米；独墩两孔，木构桥廊，单檐悬山顶（图 4-3-5）。

a)乐安桥原貌(怀化市交通运输局 供图)

b)改建后的乐安桥(怀化市交通运输局 供图)

图 4-3-5 洪江乐安桥

## 64. 洞口大平桥

位于洞口县罗溪瑶族乡宝瑶村，跨沅水水系。清嘉庆十二年（1807）建造，道光十六年（1836）、1943 年、2020 年维修。为湖南省级文物保护单位。

四孔石拱，上建木构凉亭，柱枋雕龙画凤，神龛供奉观音、关帝；桥廊两侧架宽厚木板，供行旅歇息（图 4-3-6）。联曰：“清风江上往来人共谈古今；秀水亭中上下客聚会情缘。”

a)大平桥原貌(邵阳市交通运输局 供图)

b)维修后的大平桥(王政 摄)

图 4-3-6　洞口大平桥

### 65. 绥宁磐山桥

位于绥宁县水口乡新哨村，跨曲溪，明代建造，清同治二年（1863）复修。

单孔石拱，桥长 10 米，宽 3 米，高 10 米（图 4-3-7）；拱券严丝合缝，凉亭型墨紧扎，工艺精湛，结构牢固，当地民谣称“磐山桥上三个尖，找到一个算神仙”。

磐山古称锡坡，素为湘黔古道险要路段，明清皆设哨汛，派驻兵丁守护。清康熙《绥宁县志》载：“锡坡哨：把总一员，兵三十五名，内拨塘兵二十名。”

图 4-3-7 绥宁磐山桥（陶永东 摄）

## 第四节 武冈—桂林茶盐古道

武冈—桂林茶盐古道包括武冈、城步、龙胜等地。

自武冈城往南，过木瓜桥，经城步西岩、儒林，跨荣昌桥，走汀坪，穿杨梅坳，入龙胜厅，继经江底、越才喜界入灵川境，复循新寨、潭下圩、甘棠、定江，抵桂林府城。行商挑夫将茶叶、药材等贩往桂林，换回盐、糖等用品，至20世纪50年代才逐渐停止。

清道光十八年（1838），官府在杨梅坳设盐卡，后更名湖南省盐局宝庆粤税专局杨梅坳盐卡。年轻时往返桂林挑盐、后任湖北郧阳总兵的龚继昌（1831—1889，城步人）曾捐修该道，并在县城修建横跨巫水的荣昌风雨桥（1958年拆除桥亭以通汽车）。荣昌风雨桥的古今对照如图4-4-1所示。

a)古荣昌桥

图 4-4-1

b)荣昌桥廊新姿(罗一平 摄)

图 4-4-1 荣昌风雨桥

### 66. 城步飞山桥

位于城步苗族自治县蒋坊乡杉坊村，跨赤水河，清代建筑，1980 年重修。桥长 12 米，桥面宽 5 米；单孔石拱，木构桥廊，中建阁亭，重檐歇山顶（图 4-4-2），神龛供奉“飞山蛮”首领杨再思和关羽、关平、周仓。

图 4-4-2 城步飞山桥（金凯 摄）

### 67. 城步护龙桥

位于城步苗族自治县蒋坊乡铺头村，跨梅溪，清光绪二十一年（1895）修建。桥长 25 米，桥面宽 4.8 米，两墩三孔，木构桥廊，两头砌细錾压桥长条石，村口端筑积木蜂窝式牌楼，下设土地庙（图 4-4-3）。

铺头村位处交通要道，开埠于唐末五代，晚清民国繁盛一时，有店铺近二十家，仁泰祥、易顺祥、易和祥、易祯祥、邓盛祥、药铺、酿酒坊、豆腐坊、榨油坊、摆货场等遗迹尚存。

a)

b)

图 4-4-3 城步护龙桥（全凯 摄）

### 68. 城步新寨回龙桥

位于城步苗族自治县兰蓉乡新寨村，始建于明洪武八年（1375），清道光年间（1821—1850）增建桥亭，1945 年重修，1996 年改建为混凝土梁。

桥长 34 米，宽 3.5 米，高 9 米，独墩两孔，木构廊亭，单檐悬山顶，上建三座四角攒尖阁亭（图 4-4-4）。1945 年重修碑序云：

全民抗日，戎马怆惶，蕞尔穷村，关心路政。忍饥输币，重修回龙古桥；筑石茸亭，壮若长虹吐气。费经营于征战之际，庆功成于胜利之时。抗战勋隆，快靓河山永奠；酬庸利涉，允宣姓氏流芳。

a)(邵阳市交通运输局 供图)

b)(肖陈刚 摄)

图 4-4-4 城步新寨回龙桥

### 69. 城步报木坪民族桥

位于城步苗族自治县兰蓉乡报木坪村，跨长溪水，清光绪二十八年（1902）建造，1994年重修时改建为混凝土梁。桥长20米，宽4米；单孔两台，木构桥廊，单檐悬山顶（图4-4-5）。

报木坪村瓦罐窑遗址，位于海拔1700多米处，相传是土著峙苗先民挖洞置窑、烧制瓷器的场所。

图4-4-5 城步报木坪民族桥（邵阳市交通运输局 供图）

### 70. 城步太平桥

又名接龙桥，位于城步苗族自治县丹口镇太平村（明朝开国名将蓝玉故里），蓝氏宗祠旁，跨扶城水。始建于明成化二十三年（1487），清康熙二十三年（1684）、2012年重修。

桥长38米，桥面宽4米，独墩两孔，混凝土桥面，木构桥廊，上绘金鱼、龙凤等图，桥头为蜂窝状斗拱结构（图4-4-6），具有浓郁民族特色。

a)

图 4-4-6

b)

图 4-4-6　城步太平桥（苗乡辉 摄）

### 71. 城步杨柳桥

位于城步苗族自治县丹口镇杨柳村，城步往长安营古官道上，清嘉庆年间（1796—1820）建造，1963 年维修（图 4-4-7）。

图 4-4-7　城步杨柳桥（全凯 摄）

## 72. 城步莲花桥

又称红军桥，位于城步苗族自治县丹口镇下团村，跨扶城水，清代修筑石墩木梁；1986 年改建两孔石拱，木构桥廊维持原桥风格，上建三座重檐阁亭（图 4-4-8）。为湖南省级文物保护单位。

1934 年 9 月 11 日，担任红六军团后卫的十七师五十一团三营，在莲花桥击溃尾随而来的国民党保安团，完成掩护主力西进的任务。1986 年 3 月 11 日，指挥莲花桥阻击战的三营营长、海军原副司令员周仁杰重访莲花桥阻击战遗址，为红军烈士扫墓①。

图 4-4-8 城步莲花桥（童迪 摄）

## 73. 城步大寨回龙桥

位于城步苗族自治县长安营镇大寨村，清乾隆十五年（1750）建造。

桥长 34 米，宽 3.2 米，桥基卵石砌筑，单孔两台，伸臂式木构，石板桥面；中建重檐四角攒尖阁楼（图 4-4-9），阁柱、横枋、板壁绘飞龙、凤凰、麒麟、飞禽走兽图案，及唐僧取经、八仙过海、侗姑纺纱织锦、青年吹笙弹琴、男女行歌坐月等神话故事。附近古杉参天，包括 1600 多岁、高 28 米的“中国杉树王”。

长安营位处高山台地，原称长安坪。清乾隆五年（1740），侗人粟贤宇据此“起事”。清廷镇压后于乾隆八年（1743）筑长安营城，移宝庆理瑶同知署至此，设游击、守备、同知厅把总、江头司巡检等职官，常驻旗兵数千，监管九峒苗瑶，时称“宝庆二府”。

1934 年 12 月 10 日至 12 日，中央红军一部经过长安营，在大寨、长坪、岩寨一带宿营。

① 杨盛科：莲花桥阻击战：为“通道转兵”赢得时间。红网城步站，https://m-xhncloud.voc.com.cn/news/detail/3254050.html。夏博：“重走长征路”探访湖南城步 瞻仰红军长征烈士纪念碑。新湖南，https://hunan.voc.com.cn/article/201611/201611282314182814.html.

a)

b)

图 4-4-9　城步大寨回龙桥（金凯 摄）

### 74. 城步永镇桥

又称护龙桥，位于城步苗族自治县长安营镇岩寨村，跨长坪水。清嘉庆年间（1796—1820）苗民起义失败后，为祈愿当地吉祥安泰，护住岩寨、大寨、长坪、兰头、三才堡等村“龙脉”，邑人于嘉庆二十三年（1818）捐资捐工修建，1935 年重修。

桥长 50 米，桥面宽 6 米；独墩两孔，伸臂式木构，桥廊由十六排木架组成，两边铺厚木板供过往人们歇息；中建阁楼，飞檐翘角，下设神龛，供奉杨公菩萨；单檐悬山顶（图 4-4-10）。

a)

b)

图 4-4-10 城步永镇桥（邵阳市交通运输局 供图）

### 75. 城步茅坪湖风雨桥

又称红军桥，位于南山草原，跨茅坪湖，清代建筑。独墩两孔，伸臂式木构，重檐歇山顶（图 4-4-11）。

1934 年 12 月 5 日，中央红军从广西资源进入城步境内。8 日，红三、红五、红九军团翻越老山界，到达南山宿营，经由该桥西进。时任红军总政治部宣传部部长陆定一在《老山界》一文中写道："老山界是我们长征中所过的第一座难走的山。"

a)

b)

图 4-4-11　城步茅坪湖风雨桥（贺文胜 摄）

# 第五节　靖融古道

靖融古道包括湖南靖州、通道及广西三江、融水等地。

宋元丰四年（1081），朝廷置诚州（治今靖州），开辟诚州至融州（治今广西融水）道路，以“通

广西盐”[①]。沿途“峒蛮”报户口、纳土贡，朝廷以盐酬之，所谓“天子济我以食盐，我愿输与兵食”[②]。会同、靖州、通道等地食盐，系由该道运输。

靖州（含今通道）为苗侗聚居区，“民不服役，田不输赋”。虽属湖北，军食吏廪却赖“广西漕臣如期馈运”[③]。南宋开庆元年（1259），兀良哈台率蒙军由诚融道北上，“连破辰、沅二州，直抵潭州”[④]。以上说明，宋元以降，靖融道已成湘桂西部交通干线。

清光绪《靖州乡土志》记有商货品类及贩运路线，其中：

稻谷，每岁所产四十万石有奇，……皆系水运，惟运广西，（水）路至坪坦，改陆运，三十里至林溪（广西三江境内），仍由水运；

五倍子，每岁出产约二百石，由水路运出本境，在会同之洪江销行，其由广西及通道运过本境者约三千石；

牛，由陆路运至广西之郁林销行，每岁运出之数约二百头，其由武冈、绥宁运过本境者约八百头；

盐，由广西之长安水运至林溪，改陆运三十里至坪坦，仍由水运至本境，亦有由林溪全行陆运者，每岁约销八千石，其转运至会同者约三千石；

糖，本境仅制米糖，其白糖、片糖、冰糖由广西之长安水运至林溪，改陆运三十里至坪坦，仍由水运至本境，每岁销数约五千石，其转运至会同、洪江、武冈及黎平销行者约五千石。[⑤]

这些记载显示，靖州通过多条运道，与洪江、武冈、绥宁及广西长安（融安）、贵州黎平等埠贸易。图 4-5-1 为通道国家级非物质文化遗产——侗族大歌。

图 4-5-1　通道国家级非物质文化遗产——侗族大歌（彭勇 摄）

① （宋）李焘：《续资治通鉴长编》，卷三百四十五神宗，清光绪七年刻本。

② 《宋史·西南溪峒诸蛮传》，清乾隆武英殿刻本。

③ 同上。

④ 《元史·兀良哈台传》，清乾隆武英殿刻本。

⑤ （清）光绪《靖州乡土志》，卷四《物产》，清光绪三十四年刊本。

### 76. 通道通坪风雨桥

位于通道侗族自治县牙屯堡镇通坪村，始建于清雍正七年（1729），乾隆五十五年（1790）、1912—1949 年间皆有修缮。桥长 18 米，宽 3 米，单孔两台，伸臂式木构，上建阁亭，单檐歇山顶（图 4-5-2）。

图 4-5-2　通道通坪风雨桥（粟义勇 摄）

通坪村南与广西三江林溪乡交界，位于北宋开辟的北联重湖、南接两广的湘桂西部干线诚（州）融（州）道上。为遏制沿途“峒蛮”，维持交通，朝廷在此置通坪堡。

### 77. 通道桥寨风雨桥

位于通道侗族自治县牙屯堡镇通坪村。桥长 38 米，宽 3.5 米，单孔两台，伸臂式木构，重檐桥廊；中、东端建有阁亭，西侧与高脚屋相连，守桥人家居住(图 4-5-3)。

图 4-5-3　通道桥寨风雨桥（吴卫平 摄）

桥寨位处侗族聚居区。官府于清雍正七年（1729）、乾隆五十五年（1790）、光绪二十六年（1900）先后在此设立“爱民碑”，包括禁止官吏征收苛税、无序摊派军饷，官吏下乡办事须自带伙食、不滋事扰民等内容。其中，“遵奉文武各宪，严禁需索示”碑有“分巡辰沅永靖兵备道，出示晓谕……属苗瑶人等知悉，嗣后无论何项捐输，概不要尔等捐助分文……弁目私向尔等勒赎，许据实指名禀究”等文，落款“大清雍正七年六月二十日示实贴晓谕”，是研究清代吏治及民族政策的珍贵资料。

### 78. 通道文星桥及兵书阁

位于通道侗族自治县县溪镇兵书阁村，清乾隆二十四年（1759）建造，道光五年（1825）增建重檐六角攒尖葫芦顶阁楼，光绪二十七年（1901）复修。全国重点文物保护单位。

桥、亭、阁、殿组合建筑，南北长 19.2 米，东西长 15.4 米，通高 14.72 米；东头修重檐庑殿顶盖八字门坊，西端建单檐庑殿顶门坊，中部建重檐歇山顶阁楼，藻井彩绘阴阳鱼、龙凤图案(图 4-5-4)。

a)文星桥(陆顺祖 摄)

b)兵书阁(金凯 摄)

图 4-5-4　通道文星桥及兵书阁

### 79. 通道普济桥

位于通道侗族自治县坪坦乡坪坦村，跨坪坦河，清乾隆二十五年（1760）建造，1914 年复修。全国重点文物保护单位。

桥长 31.4 米，宽 3.8 米；单孔两台，孔跨 19.8 米（图 4-5-5）；伸臂木拱，杉圆木插在两岸墩台内，以其五分之二斜升 45°挑出，并以迭木作垫层、以大卵石弹压，逐层斜挑，直至伸臂梁合龙；东、西拱肩举架合口部采用侗族传统建筑工艺——抱柱夹枋固结法固牢，再横架短木，上铺木板为桥面；挂廊檐装白色封檐板；北面用“开槽密槛板壁”工艺封实以御风雨，南面装齐腰板壁，上开长直棂窗。

桥处为湘桂物货集散码头，广西盐挑到这里，水运至靖州、洪江，日杂百货、大米船载至此，再挑运至广西等地。为便于通航，创造性采用斜向挑梁、多层叠压工艺，增加孔高和跨径，堪称“桥梁化石”。

a) (汤武 摄)

b) (龙雁 摄)

图 4-5-5

c)(吴卫平 摄)

图 4-5-5 通道普济桥

### 80. 通道迴龙桥

原名龙皇桥，又称俗答花桥，位于通道侗族自治县坪坦乡坪日村，清乾隆二十六年（1761）建造，1931 年复修。全国重点文物保护单位。

伸臂梁、伸臂木拱组合廊桥，长 63.01 米，宽 3.86 米，两墩三孔，采用侗族传统工艺木桩围栏固基法修建（图 4-5-6）。西段木拱拱跨 19.4 米，拱架两端以 30°斜升三排杉圆枕木，逐层伸臂，平桥面铺设木板，形成上平下拱状；东段为悬臂式木构，梯级迭坐；两种结构组合架设，体现了侗族工匠的高超技艺。

a)(王政 摄)

图 4-5-6

b) (曾爱萍 摄)

图 4-5-6　通道迴龙桥（王政 曾爱萍 摄）

桥廊 22 开间，上设文昌阁、武圣殿、土地祠三座神龛；桥屋耸立三座塔式楼阁，收尖部装饰覆钵、宝瓶、凤鸟，顶端铜鸟口含簧片，迎风而鸣，是为奇观。

### 81. 通道永福桥

位于通道侗族自治县坪坦乡高上村，清乾隆五十年（1785）建造，嘉庆十年（1805）、道光十五年（1835）、同治三年（1864）、光绪二十年（1894）、1936 年、2015 年维修。为全国重点文物保护单位。

桥长 19. 32 米，宽 3. 8 米；单孔两台，孔跨 16. 2 米，上面横迭杉木作出挑，尾部凿榫镶枋固结，连迭两层后，横架两层杉木为梁，上铺厚板，穿斗式桥廊 11 开间，重檐悬山顶，中建双坡屋面单檐亭（图 4-5-7）。

a)(尹忠 摄)

b)(彭勇 摄)

图 4-5-7　通道永福桥

## 82. 通道普修桥

位于通道侗族自治县坪坦乡皇都村，始建于清乾隆年间（1836—1896），嘉庆八年（1803）重建，光绪十三年（1887）、1946 年、1984 年、2007 年多次修缮。为湖南省级文物保护单位。

桥长 57.5 米，宽 4.2 米，21 开间；两墩三孔，伸臂木构，重檐歇山顶；桥廊封板密槛，壁上彩绘历史人物、神话故事；中间桥亭为七重密檐攒尖葫芦顶，两边亭为三重檐歇山顶，三个神龛分别供奉关帝、侗族先祖姜良、姜妹和文昌帝君；屋脊、檐角泥塑龙、凤、鸡、鸭、狮、虎等飞禽走兽，造型生动，富有侗族特色（图 4-5-8、图 4-5-9）。

a)

b)

图 4-5-8　通道普修桥（吴卫平 摄）

图 4-5-9　普修桥上的关圣节活动（饶以春 摄）

## 83. 通道永定桥

位于通道侗族自治县坪坦乡高团村，始建于清嘉庆十年（1805），光绪三十二年（1906）复修。为全国重点文物保护单位。

桥长 26.4 米，宽 3.55 米；单孔两台，孔跨 15.3 米，伸臂式木构，用挑梁代柱外展法建造，重檐歇山顶，脊塑二龙戏珠（图 4-5-10）。

图 4-5-10　通道永定桥（蒋黎黎 摄）

## 84. 通道迴福桥

位于通道侗族自治县坪坦乡高楼村，清道光二十年（1840）建造，同治九年（1870）、1946 年复修，1984 年大修。为全国重点文物保护单位。

桥长 42.5 米，宽 3.86 米，十八廊间；独墩两孔，伸臂迭梁；穿斗式桥廊，神龛供奉关帝，桥厢内壁彩绘花草虫鱼、侗族故事等（图 4-5-11）。

a) (尹忠 摄)

b) (吴卫平 摄)

图 4-5-11　通道迴福桥

### 85. 通道永兴桥

又称永福桥（图 4-5-12），位于通道侗族自治县坪坦乡高本村，1942 年修建。为修此桥，村寨组建修桥理事会，龙启盛任理事长并捐出自家一丘良田，推动全寨捐工捐资捐料，合力建成。

图 4-5-12 通道永兴桥（王政 摄）

### 86. 通道和平桥

位于通道侗族自治县坪坦乡高本村，为坪坦河上游第一座风雨桥（图 4-5-13）。

图 4-5-13 通道和平桥（王政 摄）

### 87. 通道大路桥

位于通道侗族自治县坪坦乡高升村。桥长 26 米，宽 3 米，独墩两孔，木构桥廊，重檐悬山顶（图 4-5-14）。

图 4-5-14 通道大路桥（吴卫平 摄）

### 88-89. 通道塘头桥

位于通道侗族自治县双江镇芋头侗寨，始建于清嘉庆五年（1800）。同村塘坪桥建于光绪七年（1881），1921 年复修。

芋头侗寨修筑于明，至今仍保留清代建筑若干，包括民居、鼓楼、凉亭、风雨桥、芦笙场、古井、萨岁坛及古驿道等，堪称侗族建筑博物馆。芋头侗寨古建筑群为全国重点文物保护单位。

图 4-5-15 为芋头祭祀走寨队伍经过塘头桥，图 4-5-16 为塘坪桥之景。

图 4-5-15 芋头祭祀走寨队伍经过塘头桥（吴大泽 摄）

图 4-5-16 塘坪桥（王政 摄）

### 90. 通道里问桥

位于通道侗族自治县双江镇里问村，修建年代不详。独墩两孔，伸臂式木构，重檐悬山顶（图 4-5-17）。

图 4-5-17 通道里问桥（金凯 摄）

### 91. 通道中步头桥

又名济众桥，位于通道侗族自治县陇城镇中步村，跨坪坦河支流梓坛水，始建于清嘉庆二十五年（1820），咸丰二年（1852）、光绪二十年（1894）复修，1923 年大修。为全国重点文物保护单位。

桥长 28 米，宽 3. 52 米；独墩两孔，伸臂迭梁，木构桥廊，十开间，重檐悬山顶；两侧设条凳，供人纳凉歇息（图 4-5-18）。

图 4-5-18　通道中步头桥（王政 摄）

## 92. 通道中步二桥

又称文星桥，位于通道侗族自治县陇城镇中步村，跨坪坦河支流梓坛水，始建于清乾隆十年（1745）。为全国重点文物保护单位。

桥长 14.2 米，宽 5.35 米，迭梁穿斗式木构，重檐悬山顶（图 4-5-19）；桥廊分辟人行道和畜行道，其中人行道宽 4.01 米，畜行道宽 1.34 米。

a)

图　4-5-19

b)

图 4-5-19 通道中步二桥（王政 摄）

### 93. 通道中步三桥

又名接龙桥，位于通道侗族自治县陇城镇中步村，始建于清光绪年间（1875—1908），1935 年重修。

两孔石拱，木构重檐桥廊，两壁及藻井彩绘人物故事，中建五重檐鼓楼式亭阁，两侧为三重檐歇山顶亭阁（图 4-5-20）。

a)

图 4-5-20

b)

c)

图 4-5-20　通道中步三桥（全凯 摄）

### 94. 通道观月桥

位于通道侗族自治县陇城镇路塘村，清乾隆二十年（1755）建造，1921 年重修。为全国重点文物保护单位。

桥长 24.1 米，宽 5.38 米，独墩两孔，木构重檐桥廊，中建四重塔式阁亭，两端为三重塔式阁亭，白色檐口，青瓦屋面（图 4-5-21）。

a)

图　4-5-21

b)

图 4-5-21　通道观月桥（王政 摄）

### 95. 通道兴隆桥

又称红军桥（图 4-5-22）位于通道侗族自治县下乡乡流源村，1934 年建造。

图 4-5-22　通道兴隆桥（金凯 摄）

1934 年 12 月 11 日，中央红军从广西龙胜龙坪进入流源时，经过新建风雨桥（即兴隆桥），后为纪念红军过流源，改称红军桥。时任红一军团十五师师长彭绍辉在《彭绍辉日记》中写道：“12 月 11 日……我师受领掩护红星纵队的任务。上午红星（纵队）在龙坪未动，下午尾随红星纵队行进，红星纵队到流源宿营，我师超越 20 余里到下乡宿营。”①

## 第六节　湘川盐道西线

湘川盐道西线包括吉首、保靖、花垣、龙山、永顺、大庸、桑植等地。

① 少共国际师：短暂而光辉。中国民主建国会贵州省委员会，http://www.gzmj.gov.cn/hyfc/202012/t20201224_76988087.html.

巴蜀盐泉丰富，产盐历史悠久。先秦时期巴人控制了盐产，“盐巴”即源于此。岳麓书院秦简有“输巴县盐”[①]文，里耶秦简有迁陵派员去涪陵买盐的记录：“涪陵来以买盐急，却即道下，以券与却，靡千钱。除少内，□却、道下操养钱来视。华购而出之。”[②]是为湘川盐道雏形。

湖南例食淮盐。“江路梗塞，淮引不到南省”[③]时，湘西北民众就往返川鄂贩盐。清同治《巴陵县志》载：“兵事起，岳阳设水卡，多榷茶盐。盐自川来，而茶出湖南也。”[④]中华民国《川盐纪要》载：“自咸丰以来……湖南之宝庆、辰州、沅州三府，澧、靖二州，亦多食川盐者也。”[⑤]湘川盐道由此形成。

清咸丰年间（1851—1861），太平天国运动波及长江中下游，淮盐运道阻绝，朝廷饬令川盐济楚。其间四川（含今重庆）外输食盐80亿斤以上，上缴课税约合白银6.7亿两。清同治《保靖县志·食货志》载：“县民近来多食川盐……以地近川省，搬运甚易，且肩挑贸易，例所不禁。故商贾辐辏，群市川盐，而民咸称便焉。”[⑥]里耶、王村、浦市、茶峒籍盐运之便，成为著名墟场，亦为湘西四大名镇。

抗日战争全面爆发后，淮盐不继，国民政府复命川盐济楚。据统计，1944年盐税收入约占国税收入的25%，川盐成为国家经济支柱[⑦]。

川盐浮舟东下，经洞庭湖转输三湘四水，为川盐济楚主孔道。

湘川盐道陆路分北、西二线：北线以湘北往鄂西三斗坪；西线自湘西入川鄂，分南、北二路。

南路由乾州（今吉首）、凤凰、保靖、永绥（今花垣），经吉峒坪、茶洞入川（今重庆），继经峨溶、秀山、龙潭至龚滩背盐（图4-6-1）。中华民国时期，吉峒坪设有“湘西川盐榷运局”，处理盐务。

图4-6-1 盐夫背盐图[⑧]

北路自四川（今重庆）彭水郁山盐场，经黔江、湖北咸丰和来凤和运销龙山、永顺、大庸、桑植等地。龙山设有“川盐济湘营业处”，征收盐税。

---

① 陈松长：《岳麓书院藏秦简（伍）》，上海：上海辞书出版社，2017年，219页。

② 陈伟：《里耶秦简牍校释（第一卷）》，武汉：武汉大学出版社，2012年，第191页。

③ （清）光绪《湖南通志》，卷五十六，清光绪十一年刻本。

④ （清）同治《巴陵县志》，卷之十一，清同治十一年刻本。

⑤ 林振翰：《川盐纪要》，北京：商务印书馆，1919年，第355页。

⑥ （清）同治《保靖县志》，卷三，清同治十年刻本。

⑦ 赵逵：《川盐古道上的传统聚落与建筑研究》，武汉：华中科技大学博士论文，2007年；韩政、李舒：《巴盐古道延续三千年 西沱古镇是它的起点》，《重庆晨报》，2019年7月12日第12版。

⑧ 蒋响元：《筚路蓝缕 以启山林——湖南古代交通史（史前至清末）》，北京：人民交通出版社股份有限公司，2020年，423页。

### 96. 永顺盐道廊桥

具体地址、建造年代不详（图 4-6-2）。

图 4-6-2 永顺盐道廊桥（李智源 摄）

### 97. 龙山头车凉亭桥

位于龙山县红岩溪镇头车村，跨洗车河上游红岩溪，始建于明末，1978 年、2021 年先后修缮。

桥长 38 米，桥面宽 7 米，通高 11 米。三孔两墩，伸臂梁带斜撑加护，桥面架十排廊柱，两侧设坐凳，单檐歇山顶覆小青瓦（图 4-6-3）。

图 4-6-3 龙山头车凉亭桥（湘西土家族苗族自治州交通运输局 供图）

图 4-6-4 为 2015 年 11 月 6 日拍摄的即将合龙的龙山至永顺高速公路红岩溪大桥与凉亭桥同框图。

图 4-6-4　2015 年 11 月 6 日，即将合龙的龙山至永顺高速公路红岩溪大桥与凉亭桥同框（曾祥辉 摄）

### 98. 龙山洗车河桥

位于龙山县洗车河镇，清乾隆四十五年（1780）建造，2014 年重修。

桥长 43 米，桥面宽 5 米，墩高 9 米；桥墩迎水面石块铁栓铆合，伸臂式木构，材质为椿树，桥廊设有商铺（图 4-6-5）。原桥单檐覆青瓦，青砖垛脊；2014 年修缮时，改为重檐并增建四座飞檐翘角阁亭（图 4-6-6），体现了土家工匠精湛技艺。

图 4-6-5　桥廊商铺（梅亚丰 摄）

a)2014年前的洗车河桥

b)重修后的洗车河桥

图 4-6-6 重修前后的洗车河桥（朱能贤 摄）

### 99. 龙山正河风雨桥

位于龙山县农车镇正河村，始建于清道光四年（1824），中华民国初年、20 世纪 60 年代、2015 年先后修缮。桥长 34.5 米，宽 3.9 米，高 4.8 米；独墩两孔，木构桥廊，单檐歇山顶（图 4-6-7）。

图 4-6-7　龙山正河风雨桥（李永生 摄）

### 100. 龙山贺龙桥

旧称兴平桥，位于龙山县兴隆街澧口车河上，清光绪十六年（1890）修建。桥长 12 米，宽 3.5 米，单孔两台，悬臂式木构，单檐歇山顶（图 4-6-8）。

图 4-6-8　龙山贺龙桥（黎代华 摄）

1935 年 4 月 12 日至 5 月 5 日，湘鄂川黔省委、省革委、省军区机关移居兴隆街新寨坪蒋家大屋办公。

图 4-6-9 为龙山湖湘鄂川黔革命根据地纪念碑。

图 4-6-9　龙山湘鄂川黔革命根据地纪念碑（曾祥辉 摄）

## 101. 龙山新桥风雨桥

位于龙山县兴隆街道新桥村，清代建筑。

桥长 25 米，宽 4.4 米；独墩两孔，伸臂式木构，桥廊八排架，单檐悬山顶覆小青瓦（图 4-6-10）。桥自建成以来，一直是附近村寨的交易墟场。

图 4-6-10　龙山新桥风雨桥（湘西土家族苗族自治州交通运输局 供图）

## 102. 龙山水沙坪亭子桥

位于龙山县茅坪乡水沙坪村，跨水沙坪河。单孔两台，木构桥廊，单檐歇山顶（图 4-6-11）。

水沙坪村位处高山盆地。第二次国内革命战争期间，在这里成立了沙坪大寨苏维埃乡政府。现有红二、红六军团存储粮食武器的神龙洞、苏维埃乡政府旧址、红军桥以及将军岩、摩崖石刻等遗存。

图 4-6-11　龙山水沙坪亭子桥（吴卫平 摄）

### 103. 龙山四坝凉亭桥

又名四坝二桥，位于湘鄂渝接壤的龙山县桂塘镇四坝村，跨酉水河支流明溪，1935 年建造。桥长 11 米，桥面宽 3 米；单孔两台，木构桥廊，单檐悬山顶（图 4-6-12）。桥联曰："一脚踏三省湘鄂渝边区和谐春无限；四坝衔三区土苗汉民族团结庆有余。"

a)

图　4-6-12

b)

图 4-6-12 龙山四坝凉亭桥（湘西土家族苗族自治州交通运输局 供图）

### 104. 永顺纸棚花桥

位于永顺县西歧乡西歧村，跨西歧河，清代建筑。

桥长 33 米，桥面宽 4.2 米；两墩三孔，伸臂式木构，穿斗式廊架；桥面为大柏木铺垫，两侧设栅栏坐凳，单檐悬山顶盖小青瓦（图 4-6-13）。

图 4-6-13 永顺纸棚花桥（湘西土家族苗族自治州交通运输局 供图）

### 105. 永顺西库花桥

位于永顺县万民乡西库村，清代建筑。

桥长 19 米，桥面宽 3.7 米，高 4.3 米；独墩两孔，菱形分水，上铺大柏木和椿木，单檐歇山顶（图 4-6-14），桥头悬挂护桥公约。

图 4-6-14　永顺西库花桥（湘西土家族苗族自治州交通运输局 供图）

### 106. 永顺学堂堡花桥

位于永顺县松柏镇坝溶村，清代建筑，1940 年复修。

桥长 27 米，桥面宽 4 米，桥面高 4.5 米，十开间；两墩三孔，木构桥廊，重檐歇山顶（图 4-6-15），桥两边有记事碑七块。

图 4-6-15　永顺学堂堡花桥（湘西土家族苗族自治州交通运输局 供图）

### 107. 永顺白竹山花桥

位于永顺县砂坝镇白竹山村，两条小溪汇合处，1922 年建造，1982 年重修。

桥长 12 米，桥面宽 3.8 米；原为石墩木梁，1982 年修缮时改为石拱；单檐歇山顶，中建四角攒尖宝葫芦顶亭阁，两侧设护栏坐凳（图 4-6-16）。

图 4-6-16 永顺白竹山花桥（湘西土家族苗族自治州交通运输局 供图）

### 108. 永顺江西花桥

位于永顺县首车镇伴湖村，1927 年修建。

桥长 20 米，宽 4 米，独墩两孔，上架四根大柏木成梁，穿斗式构架，单檐悬山顶上盖小青瓦（图 4-6-17）；两侧设有栅栏坐凳；梁书“永顺县首车乡乡长兼保卫联团分局局长鲁济安督同首人张宏树、姚成家、高贵卿、高云卿、王任林修建”。

图 4-6-17 永顺江西花桥（湘西土家族苗族自治州交通运输局 供图）

### 109. 永顺聚福桥

位于永顺县首车镇伴湖村，跨雨龙溪，据传为1934年贺龙捐建。

桥长20米，桥面宽3.5米，独墩两孔，上架四根大柏木为梁，穿斗式木构，单檐歇山顶桥廊，两侧木栅外有挡雨木板（图4-6-18）。

图4-6-18 永顺聚福桥（湘西土家族苗族自治州交通运输局 供图）

### 110. 永顺大坝花桥

位于永顺县灵溪镇连洞村，跨猛洞河支流连洞水，1923年谢茂钊等人倡建，1979年重修。单孔石拱，木构桥廊，单檐悬山顶（图4-6-19）。

图4-6-19 永顺大坝花桥（湘西土家族苗族自治州交通运输局 供图）

灵溪镇文化底蕴深厚，境内老司城是湘西彭氏土司政治、军事、文化中心，是世界文化遗产。清雍正七年（1729）改土归流，裁永顺等处军民宣慰使司，改设永顺府，下领永顺、龙山、保靖、桑植四县，府治设猛洞坪（今灵溪镇），延续八百余年的溪州土司王朝至此结束。

### 111. 永顺印家花桥

位于永顺县灵溪镇石叠村阿都湖与永茂镇樟木村印家寨交界处，跨猛洞河支流业东河。民国期间建成，单孔两台，十根大柏木拼合为梁，木构桥廊，重檐歇山顶（图 4-6-20）。

图 4-6-20 永顺印家花桥（彭理论 摄）

### 112. 永顺向家铺花桥

位于永顺县灵溪镇石叠村向家铺。单孔两台，梁、板皆为柏木材质，穿斗式构架，单檐悬山顶（图 4-6-21）。

图 4-6-21 永顺向家铺花桥（王辉 摄）

### 113. 永顺双凤花桥

位于永顺县灵溪镇双凤村。单孔石拱，木构桥廊，单檐歇山顶（图 4-6-22）。

a)

b)

图 4-6-22　永顺双凤花桥（张建强 摄）

双凤村是传统土家村落。20 世纪 50 年代，民族学家潘光旦、语言学家罗常培等学者先后来此考察，发现该村建筑、语言、民俗文化非常有特点，为确立土家族为单一民族提供了重要佐证，双凤村后来也因而被誉为“土家第一村”。2003 年，中国社会科学院将双凤村确定为中国土家族研究固定调查点。2014 年，国家文物局将其列入“中国传统村落整体保护利用项目”首批实施名单。

### 114. 吉首小河桥

又名炎家桥，位于吉首市马颈坳镇檀木村，古代东乡（今太平、丹青等地）往所里（今吉首老城）要道上，清咸丰八年（1858）建造，1958 年增建凉亭，2020 年维修。

单孔石拱，长 13 米，宽 3 米，跨径 5 米；用蒸熟糯米与石灰掺拌打浆作为石料，趁热砌筑，砌缝规整，结构牢固；木构廊亭，单檐悬山顶，两侧设长凳，供人纳凉（图 4-6-23）。

a)

b)

图 4-6-23　吉首小河桥（龙骏峰 摄）

### 115. 吉首德夯苗寨花桥

位于吉首市矮寨镇德夯村、矮寨大桥下，跨德夯峡谷溪流。始建年代不详，1990 年代重修为石拱廊桥（图 4-6-24）。

图 4-6-24　吉首德夯苗寨花桥（许安全 摄）

# 第五章　澧水流域廊桥

澧水南源出永顺龙家寨，中源出桑植八大公山，北源出桑植杉木界①，三源在桑植小茅岩汇合东流，沿途纳溇、渫、道、涔等水，至津市入西洞庭，干流长388公里，流域面积18496平方公里②。

澧水下游是城壕、稻作等文明起源与传播中心之一，孕育了彭头山、城头山、鸡叫城等华夏早期文明，中游的慈利、石门是中俄万里茶道重要起点。

澧水流域遗存廊桥19座，主要分布于茶盐古道上。

## 第一节　湘川盐道北线

湘川盐道北线包括大庸、桑植。

清咸丰二年（1852），太平军兴，"淮盐片引不抵楚岸"③。湖北巡抚罗遵殿奏请以川盐接济湖北和湘西北，由宜昌办运。

七七事变后，长江中下游相继沦陷，淮运阻绝，湘西北复食川盐。同时，国民政府鼓励商民运销川盐。1940年6月宜昌失守，长江上游江防司令部撤至夷陵三斗坪，第六战区司令部一度设此。三斗坪江段江面较宽，利于轮船停靠，因此成为湘鄂川等省物货集散地和"川盐济楚"转运中心。

湘西北至三斗坪盐道有三：一自津市经澧县、宜都至三斗坪；二自常德经临澧、澧县至三斗坪；三自大庸经慈利、石门至三斗坪④。"跑三斗坪"挑夫最多达4000余人，日运3000余挑。最险处鄂西蚂蚁山，上15里，下30里，路窄而陡，"百步磴"段尤为险峻，只容一人通过，挑夫前后头脚相连，宛若长蛇蠕动。

图5-1-1为临澧佘市桥。

图5-1-1　临澧佘市桥，原为九孔廊桥，民国时拆除桥屋，改通汽车（佘坤桥 摄）

---

① 澧水旧以北源（五道水）为主干，《汉书·地理志》称"历山，澧水所出"，杉木界即在栗（历）山坡。

② 澧水中源又名绿水河，源出桑植县八大公山东麓，源头在龙山县大安乡翻身村，2013年被认定为澧水主源。以中源为干流起始点，至津市小渡口入洞庭湖，全长407公里。

③ 李克明：《津市盐务史》，收于中国人民政治协商会议湖南省津市市委员会文史资料研究委员会：《津市文史资料》（第三辑），1985年12月。

④ 据1992年编印的《石门县盐业志》载，石门至三斗坪的挑盐路有四条：

第一条，石门燕子山起，经澧县冷水街、湖北松滋茶园寺、松滋界岭、五峰县锚家头、长阳县孙家坪、偏岩、车溪、蚂蚁山、母猪峡、苗竹河、茅坪到三斗坪，共315公里。

第二条，石门白云桥起，经九渡河、二方坪、北界、湖北麒麟观、渔洋关、北大路、鸭子口、母猪峡、十二花（下坡）至三斗坪。去七天，返八天，每天步行60里。此段路十分险要，特别是十二花到母猪峡之间的独木桥，尤为艰险。

第三条，石门子良坪起，经松树垭、湖北五峰界牌、羊母洞、渔洋关、杨家坪、水田子、九里坪、罗家坳、五板桥、大马宗岭、瓦屋坪、白洋渡、高粱坪、界岭、猫沟至三斗坪。

第四条，石门南坪河起，经清水湾、旱阳沟、鸭子口、马崇岭、桥梁坪、北大路、羊角店、猫沟至三斗坪。

### 1. 张家界老桥风雨桥

位于张家界市永定区谢家垭乡老桥村，跨沂溪，明初江西填湖广时从江西丰城迁此的“九姓十派联”中李、秦、龚三姓共建。桥成至今，屡毁屡修。

独墩两孔，木构桥廊，单檐歇山顶（图 5-1-2）。桥头联曰：“山锁画桥，水鸣幽涧；长桥卧波，大川利涉。”

图 5-1-2 张家界老桥风雨桥（李纲 摄 王华 供图）

### 2. 张家界马头溪风雨桥

位于张家界市永定区王家坪镇韭菜垭村，大庸通桃源、慈利、沅陵盐帮古道上，跨马头溪，始建于明末清初。2020 年 6 月 13 日，风雨桥被洪水裹挟而来的四棵大树冲毁，次年修复。

原桥长 16 米，宽 6 米，独墩两孔，木构桥廊，重檐歇山顶，两侧设坐凳供人休息（图 5-1-3）。2021 年重修时改木梁为混凝土梁（图 5-1-4）。

图 5-1-3 张家界马头溪风雨桥原貌（龚建军 摄 王华 供图）

图 5-1-4 修复后的马头溪风雨桥（柳王敏 供图）

### 3. 张家界郭家湾风雨桥

位于张家界市永定区王家坪镇马头溪村，跨马头溪，始建于明。独墩两孔，木构桥廊，重檐歇山顶（图 5-1-5）。

图 5-1-5 张家界郭家湾风雨桥（柳王敏 供图）

马头溪村地处武陵山腹地，盐帮古道上，因洞庭溪上游马头溪穿村而过得名。村落始建于汉，尚存明清土家吊脚楼 40 余栋，先后入选中国传统村落、中国少数民族特色村寨、全国乡村旅游重点村镇。为纪念红二、红六军团曾在此休整，郭家湾桥更名为红军桥，是永定、沅陵、桃源、慈利一区三县的红色教育基地。

### 4. 张家界上溪风雨桥

位于张家界市永定区王家坪镇伞家湾村，跨德修溪，清乾隆年间（1736—1796）修建（图5-1-6）。

图5-1-6 张家界上溪风雨桥（李纲 摄 王华 供图）

伞家湾村是中国传统村落、湖南省少数民族特色村寨，村中成立百合花土家民俗艺术团，传承土家民间歌舞。图5-1-7为在桥廊中的土家莓茶长龙宴。

图5-1-7 设宴桥廊的土家莓茶长龙宴（杨帆 摄）

### 5. 张家界桥边河风雨桥

位于张家界市永定区王家坪镇桥边河村，清代建筑。独墩两孔，木构桥廊，单檐歇山顶（图 5-1-8）。

a)桥边河风雨桥(李纲 摄 王华 供图)

b)桥边河风雨桥画作(范扬 作)

图 5-1-8 张家界桥边河风雨桥

### 6. 桑植仓关峪桥

又称贺龙花桥，位于桑植县陈家河镇仓关峪村，清光绪年间（1875—1908）邑人龚子善捐建。1919 年其子龚保如准备拆除变卖抵债，驻扎附近的靖国军营长贺龙闻讯，前来制止并掏出一百大洋买下该桥，交乡绅管理；1932 年落架大修，竣工时恰遇贺龙率军路过仓关峪，主事邀其踩桥，贺龙当即赞助20块大洋①。仓关峪桥后又于1986年、2020年修缮。

桥长23米，宽4米；独墩两孔，斜撑支护，穿斗式构架，单檐歇山顶（图5-1-9）；桥廊共8扇7间，每扇各雕一对木雕龙头，对视中间木球，雕刻艺术精美，富有地方特色。

a)

b)

图5-1-9　桑植仓关峪桥（《桑植往事》摄制组 摄）

### 7. 桑植贺龙桥

原名永安桥，位于桑植县洪家关白族乡洪家关村，跨玉泉河，1915年贺龙祖父贺良仕倡建。

---

① 甄琪：陈家河的三原色。掌上张家界，https：//m. thepaper. cn/baijiahao_ 20097105.

桥长40米，宽7米，两墩三孔，中耸重檐堡亭，龙爪翘檐，两端及桥墩迎水面皆立石狮（图5-1-10），为全国重点文物保护单位。

a)

b)

图5-1-10 桑植贺龙桥（彭立 摄）

1916年春，贺龙率众捣毁芭茅溪盐局，缴获税警枪12支，并在桥头成立桑植讨袁护国民军。1928年春，贺龙、周逸群潜返桑植，在桥头宣布武装起义。1929年冬，桑植“剿共”司令陈策勋下令毁此桥，谓“破贺氏风水”。1937年秋国共合作抗日后重建，1940年夏毁于洪水，1950年秋县人民政府拨款重修，并将之命名为“贺龙桥”①。

① 引自《贺龙桥碑序》，桑植县地方志编纂委员会：《桑植县志（1989—2000）》，北京：昆仑出版社，2005年，第676页。

## 第二节　万里茶道

万里茶道包括石门、慈利等地。

唐代以来，茶叶就是中央政府销往边疆地区的战略物资。《明史·食货志》载："番人嗜乳酪，不得茶，则困以病。故唐、宋以来，行以茶易马法，用制羌、戎，而明制尤密。"①

唐宋之交，马楚于"汴、荆、襄、唐、郢、复州置回图务，运茶于河南、北，卖之以易缯纩、战马而归……湖南由是富赡。"② 元世祖至元年间（1264—1294）设澧洲榷茶提举司。明永乐四年（1406），黄福在《奉使安南水程日记》③ 中提及临湘鸭栏驿设有茶引批验所，亦证湖茶大量北销。

清康熙二十八年（1689）《尼布楚条约》签订后，"茶叶之路"作为中俄贸易通道正式形成。茶源地主要包括：（1）梅山茶区，包括安化、新化、冷水江、涟源、隆回；（2）鄂南湘北茶区，包括湖北蒲圻、崇阳、咸宁、通山、通城和临湘；（3）武夷茶区，以福建崇安为主；（4）宁红茶区，包括江西修水、武宁和铜鼓；（5）宜红茶区，包括石门、慈利和湖北鹤峰、五峰④。

清咸丰（1851—1861）初年，安化年产红茶近10万箱（每箱30公斤），销俄约占70%⑤。光绪年间（1875—1908），年产黑茶近15万担，红茶增加到70万箱，大部分销往我国西北地区及国外的俄罗斯、欧洲等地。

光绪十五年（1889），广东茶商卢次伦在石门宜市（今泥沙集镇）开办"泰和合"茶号，创设"宜红茶"品牌。到光绪二十五年（1899），宜红茶产量近30万斤，有运船100余艘，骡马1000多匹。为运销之便，卢次伦整修道路600多公里，疏浚渫水航道50余公里。

以安化（或石门、慈利）为起点的"茶叶之路"分为两线：一由各茶区运汉口集散，继溯汉水、丹水，至陕西泾阳压制茶砖（统一制销的官茶），销往西北地区以及中亚、西亚；或由汉口、襄阳，溯唐河至赊旗店，经山西走西口（杀虎口）或东口（张家口）入蒙古，至中俄边境口岸恰克图⑥，穿越"泰加群落"⑦ 抵莫斯科、圣彼得堡等地。这条经过自然条件恶劣区域、专为茶叶贸易开辟的通道，就是享誉后世的"茶叶之路"，是继"丝绸之路"后又一横跨亚欧的商贸通道⑧。2019年3月，万里茶道被列入《中国世界文化遗产预备名单》。

其中，从慈利县三合镇牧羊冲茶区（图5-2-1）出发，或南走穿弓背、大岩屋、曹家山、杨家塔，经杉木桥、通津铺、黎家坡、长峪铺，翻九寨坡、越垭门关，运送慈利城关；或北去石门罗坪、南镇，过鹤峰走马镇，抵五峰渔洋关，水运宜都、汉口，销往漠北、西北、俄欧等地。

---

① 《明史·食货志》，清乾隆旧年刻本。

② 《资治通鉴》二百六十六卷《后梁纪一》，北京：中华书局1956年，第8702页。

③ （清）江森：《粤西丛载》卷三，康熙四十四年梅雪堂刻本。

④ 张宁：《"万里茶道"茶源地的形成与发展》，《中国社会科学报》"国家社会科学基金"专刊，2020年5月13日。

⑤ 前揭雷男等：《湖南安化茶叶调查·续言》，引自梁四宝、吴丽敏《清代晋帮茶商与湖南安化茶产业发展》，《中国经济史研究》，2005年第2期。

⑥ 雍正六年（1728）《恰克图条约》签订后，恰克图成为中俄双方互市贸易指定城市。

⑦ 泰加（taiga）群落（泰加林），指西伯利亚针叶树种构成的大森林。

⑧ 蒋响元：《筚路蓝缕　以启山林——湖南古代交通史（史前至清末）》，北京：人民交通出版社股份有限公司，2020年，第376页。

图 5-2-1 中俄万里茶道茶源地之慈利牧羊冲茶区（熊文渊 摄）

**8. 石门白云屋桥**

位于石门县白云镇白云桥村，跨南溪，清嘉庆二十五年（1820）建造，1935 年重修，为湖南省级文物保护单位。桥长 30 米，宽 6 米；两墩三孔，木构廊屋，单檐悬山顶（图 5-2-2）。

图 5-2-2 石门白云屋桥（石门县交通运输局 供图）

白云屋桥扼皂市至磺厂入慈利要隘，是宜红古茶道 ①重要遗产点。第二次国内革命战争期间，贺龙率红军多次通过此桥，又名红军桥②。

**9. 石门马字溪风雨桥**

位于石门县罗坪乡寨垭村，跨马字溪，清代建筑，近年修缮时木梁改混凝土梁。

桥长 8.3 米，宽 3 米，高 6.2 米；单孔两台，木构廊屋，两侧设栏杆坐凳，单檐歇山顶（图 5-2-3）。桥联曰："马字溪口民俗屋桥通阴阳，关风松下水泥公路贯今古。"

① 明清至民国时期武陵山区和江汉、洞庭湖平原交汇地带形成的茶叶贸易、运输及文化交流路线。

② 周勇军，姜鸿丽，蔡政：《石门古茶道 茶香飘万里》，《湖南日报》，2019 年 07 月 29 日第 07 版。

图 5-2-3　石门马宇溪风雨桥（石门县交通运输局 供图）

### 10. 慈利黎家坡桥

旧名通津桥，位于慈利县通津铺镇通津铺村，跨输赢溪，始建于明，1963 年重修。单孔两台，穿斗式构架，单檐悬山顶（图 5-2-4）。

图 5-2-4　慈利黎家坡桥（罗显庆 供图）

据明代文献载，通津铺有屋桥名通津桥，并置通津铺。清田登通有《宿通津桥》诗。1929 年 8 月

底，贺龙率红四军进驻杉木桥、通津铺一带，并在当地扩招红军近 100 人[①]。

### 11. 慈利观斗坡屋桥

位于慈利县通津铺镇竹叶坪村，跨犀牛河，清雍正年间（1722—1735）建造，光绪十九年（1893）重修。

两墩三孔，木构桥廊，单檐硬山顶盖小青瓦。桥北为石级踏步，南端以山为墩，崖壁凿孔架梁（图 5-2-5）。近年大修时改建混凝土梁（图 5-2-6）。

图 5-2-5 观斗坡屋桥原貌（罗显庆 供图）

图 5-2-6 观斗坡屋桥新貌（杨慧 摄）

① 中共慈利县委党史研究室：【初心永恒-张家界红色故事汇】誓死追随贺龙的虎将——吴虎臣。红网张家界站，https：//zjj. rednet. cn/content/2019/10/07/6088969. html.

### 12. 慈利笔架坪风雨桥

位于慈利县江垭镇笔架坪村，跨龙溪，始建于明末，1927 年重修。

单孔廊桥，三根巨型枕木横架溪沟两侧桥台，上铺厚板形成桥面，穿斗式木构，单檐悬山顶（图 5-2-7）。

图 5-2-7　慈利毕架坪风雨桥（罗显庆 供图）

### 13. 慈利溪口廊桥

位于慈利县溪口镇，跨杜家溪，清光绪三十年（1904）乡绅王之夔募建（图 5-2-8），1996 年 6 月 26 日山洪冲毁桥亭，暂未修复。

图 5-2-8　慈利溪口廊桥（罗显庆 供图）

溪口因九都溪、杜家溪交汇入澧水而得名。1934 年 7 月，中共湘鄂川黔省委在此建立区乡苏维埃政权，因而溪口廊桥又称红军桥。此外，当地还有红二、红六军团指挥部及红军医院旧址等红色遗迹。

### 14. 慈利南溪亭子桥

位于慈利县洞溪乡南溪村，1926 年由邹天贵、邹由善、邹兴隆、邹哲生等募资，邹家道主墨建造，2015 年维修。单孔两台，木构廊亭，单檐歇山顶（图 5-2-9）。

图 5-2-9 慈利南溪亭子桥（罗显庆 摄）

### 15. 慈利箦石溪风雨桥

位于慈利县金岩土家族乡中坪村，跨箦石溪，1928 年建造，1963 年重修。

桥长 17.7 米，宽 3.3 米，屋脊至桥面高 3.8 米；独墩两孔，木构廊亭，单檐悬山顶（图 5-2-10）；梁书修建记事和图案，神龛供奉省内廊桥唯一的三官菩萨①。

图 5-2-10 慈利箦石溪风雨桥（罗显庆 供图）

① 道教文化，天地水三官、三神。实际上是从天地神中又析出一个水神，强化了水神。

### 16. 慈利西铺风雨桥

位于慈利县甘堰土家族乡西铺村，跨西溪水，1943 年邑人田进民等募建。

桥长 13.2 米，宽 4 米，独墩两孔，穿斗式构架，单檐悬山顶（图 5-2-11）。

图 5-2-11 慈利西铺风雨桥（罗显庆 供图）

### 17. 慈利蛮子坪风雨桥

位于慈利县龙潭河镇金富村，跨汤溪水，1945 年建造。

桥长 15.4 米，宽 3.3 米，单孔两台，排架巨木成梁，两端斜撑支护，穿斗式构架，单檐悬山顶（图 5-2-12）。

图 5-2-12 慈利蛮子坪风雨桥（罗显庆 供图）

### 18. 慈利莫家屋桥

又名同兴桥，位于慈利县杨柳铺乡华岳村，跨杨王峪，清咸丰二年（1852）建造，光绪十四年

（1888）重修。单孔两台，木构桥廊，单檐悬山顶（图5-2-13）。

图5-2-13 慈利莫家屋桥（罗显庆 供图）

### 19. 慈利国太桥

原名国泰桥，位于慈利县三合镇国太桥社区，始建于清乾隆年间（1736—1796）。单孔两台，穿斗式构架，重檐悬山顶（图5-2-14、图5-2-15）。

图5-2-14 慈利国太桥（罗显庆 供图）

图 5-2-15　慈利国太桥（覃事良 摄）

# 参考文献

**古籍**

《墨子》，四部丛刊景明嘉靖三十二年刻本

《史记》，清乾隆武英殿刻本

《后汉书》，乾隆武英殿刻本

《旧五代史》，百衲本影印吴兴刘氏嘉业堂刻本。

《宋史》，清乾隆武英殿刻本

《元史》，清乾隆武英殿刻本

《明史》，清乾隆武英殿刻本

《清史稿》，中华民国十七年（1928 年）排印本

（北魏）郦道元：《水经注》，明嘉靖十三年刻本

（唐）陆羽：《茶经》，宋百川学海本

（唐）杨晔：《膳夫经》，闾丘辩囿本

（唐）封演：《封氏闻见记》，清文渊阁四库全书本

（宋）司马光：《资治通鉴》，北京：中华书局，1956 年

（宋）李昉：《太平广记》，北京：中华书局，1961 年

（宋）乐史：《太平寰宇记》，北京：中华书局，2000 年

（宋）吴淑：《事类赋》，四库全书本

（宋）李焘：《续资治通鉴长编》，清光绪七年刻本

（明）万历《大明会典》，明万历十五年刻本

（明）李时珍：《本草纲目》，清文渊阁四库全书本

（明）徐弘祖：《徐霞客游记》，清嘉庆十三年增校本

（明）陈世锡：《皇明世法录》台北：台湾学生书局，1986 年

（明）嘉靖《安化县志》，明嘉靖二十二年刻本

（清）康熙《靖州志》，清康熙刻本

（清）乾隆《芷江县志》，乾隆二十五年刻本

（清）道光《宝庆府志》，清道光二十七年民国二十三年重刻本

（清）同治《桂阳直隶州志》，清同治七年刻本

（清）同治《祁阳县志》，清同治九年刊本

（清）同治《安化县志》，清同治十年刻本

（清）同治《保靖县志》，清同治十年刻本

（清）同治《新化县志》，清同治十一年刊本。

（清）同治《巴陵县志》，清同治十一年刻本

（清）同治《酃县志》，清同治十二年刊本

（清）光绪《道州志》，清光绪三年刊本

（清）光绪《湖南通志》，清光绪十一年刻本

（清）光绪《桃源县志》，清光绪十八年刊本

（清）光绪《靖州乡土志》，清光绪三十四年刊本

（清）陆廷灿：《续茶经》，清雍正十三年刻本
（清）江森：《粤西丛载》，清康熙四十四年梅雪堂刻本
（清）顾祖禹：《读史方舆纪要》，清嘉庆十七年刻本
（清）汪远孙：《汉书地理志校本》，清道光二十八年刻本。
（清）悭硷山馆：《湖南疆域驿传总纂》，清光绪十四年刻本
（清）徐松：《宋会要辑稿》，稿本。
（清）容闳：《西学东渐记》，长沙：湖南人民出版社，1981 年

## 专著

马克思、恩格斯：《德意志意识形态》，上海：群益出版社，1949 年。
《毛泽东军事文集》，北京：军事科学出版社、中央文献出版社，1993 年，第一卷
林振翰：《川盐纪要》，北京：商务印书馆，1919 年
彭泽益编：《中国近代手工业史资料》，北京：中华书局，1962 年，第一卷
刘敦桢：《刘敦桢文集》第 3 卷，北京：中国建筑工业出版社，1987 年
唐克勤主编：《武冈县交通志》，郑州：中州古籍出版社，1991 年
《邵阳市交通志》编纂办公室：《邵阳市交通志》，郑州：中州古籍出版社，1991 年
湘乡市交通局编：《湘乡市交通志》，长沙：湖南出版社，1992 年
宁乡县交通局编：《宁乡县交通志》，长沙：湖南出版社，1992 年
浏阳市交通局编：《浏阳市交通志》，长沙：湖南出版社，1993 年
零陵地区地方志编纂委员会：《零陵地区交通志》，长沙：湖南出版社，1993 年
祁阳县交通志编纂办公室：《祁阳县交通志》，长沙：湖南出版社，1994 年
湖南省地方志编纂委员会：《湖南省志・交通志・公路》，长沙：湖南出版社，1996 年
冯祖贻：《侗族文化研究》，贵阳：贵州人民出版社，1999 年
桑植县地方志编纂委员会：《桑植县志（1989—2000）》，北京：昆仑出版社，2005 年
［意大利］利玛窦、金尼阁：《利玛窦中国札记》，北京：中华书局，2005 年
尹铁凡：《湘潭经济史略》，长沙：湖南人民出版社，2003 年
黄永玉：《这些忧郁的碎屑》，北京：生活・读书・新知三联书店，2003 年
陈虎：《长征日记》，北京：中国长安出版社，2005 年
刘杰：《江南木构》，上海：上海交通大学出版社，2009 年
《2009 年中国古桥学术研讨会论文集》（福州），内部资料，2009 年
唐寰澄：《中国木拱桥》，北京：中国建筑工业出版社，2010 年
唐寰澄：《中国古代桥梁》，北京：中国建筑工业出版社，2011 年
宋才发：《中华民族文化遗产及赏鉴研究》（上卷），北京：民族出版社，2011 年
杨永和、黄晓平：《民间绝技侗族瑰宝》，桂林：广西民族出版社，2012 年
陈伟：《里耶秦简牍校释（第一卷）》，武汉：武汉大学出版社，2012 年
王其钧：《中国建筑史》，北京：中国电力出版社，2012 年
左汉中：《湖湘图腾与图符》，长沙：湖南美术出版社，2012 年
蒋响元：《湖南交通文化遗产》，北京：人民交通出版社，2012 年
蒋响元：《湖南古代交通遗存》，长沙：湖南美术出版社，2013 年
王子今：《秦汉交通史稿》，北京：中国人民大学出版社，2013 年
陈松长：《岳麓书院藏秦简（伍）》，上海：上海辞书出版社，2017 年
沈从文：《湘行散记》，北京：人民文学出版社，2019 年

中国公路学会：《中国廊桥》，北京：人民交通出版社股份有限公司，2019 年

蒋响元：《筚路蓝缕 以启山林——湖南古代交通史（史前至清末）》，北京：人民交通出版社股份有限公司，2020 年

鲁晓敏、吴卫平：《廊桥笔记》，桂林：广西师范大学出版社，2022 年

**期刊报纸**

周世荣：《关于长沙马王堆汉墓中简文——（木古月）（槚）的考订》，《茶叶通讯》，1979 年第 3 期

中国人民政治协商会议湖南省津市市委员会文史资料研究委员会：《津市文史资料》（第三辑），1985 年 12 月

梁四宝、吴丽敏：《清代晋帮茶商与湖南安化茶产业发展》，《中国经济史研究》，2005 年第 2 期

丁正梁：《〈归国谣〉似为毛泽东 1917 年游学时所作》，《党的文献》，2008 年第 6 期

杨峰：《萝卜眼里长铜钱》，《湘潮》，2012 年第 2 期

张祝平：《廊桥的“神化”与“去神化”》，《广西大学学报（哲学社会科学版）》，2012 年第 2 期

蒋卫平：《湘西通道县侗族廻龙风雨桥的装饰艺术与文化特征》，《民族艺术研究》，2012 年第 4 期

鲁晓敏：《中国廊桥——跨越两千年的交通图腾》，《中国国家地理》，2012 年第 5 期

鲁晓敏：《安化廊桥》，《中国国家地理》，2015 年第 6 期

艾江涛：《道县发现：47 枚牙齿的故事》，《三联生活周刊》，2015 年第 44 期

陈书芳、龙彦静、姚志凌：《湘中梅山地区风雨桥的建筑装饰艺术与文化意蕴探析》，《中外建筑》，2016 年第 9 期

龙登高、王正华、伊巍：《传统民间组织治理结构与法人产权制度—基于清代公共建设与管理的研究》，《经济研究》，2018 年第 10 期

谭璐、方八另：《安化四保贡茶茶史探源》，《中国茶叶加工》，2019 年第 1 期

张宁：《“万里茶道”茶源地的形成与发展》，《中国社会科学报》“国家社会科学基金”专刊，2020 年 5 月 13 日

高至喜：《兵器和驻军图》，《湖南日报》，1974 年 11 月 10 日

蒋剑平，冒蕞：《何姑桥重放光华》，《湖南日报》，2011 年 11 月 04 日第 05 版

贺朝新，杨亲福：《百年风雨桥沧桑红军路》，《娄底晚报》，2014 年 2 月 26 日第 6 版

张伟，李斌，向云峰，李晓明：《贺炳炎忍痛断臂——“红军在绥宁”的故事③》，《邵阳日报》，2019 年 7 月 5 日第 1 版

韩政、李舒：《巴盐古道延续三千年西沱古镇是它的起点》，《重庆晨报》，2019 年 07 月 12 日，第 12 版

周勇军，姜鸿丽，蔡政：《石门古茶道茶香飘万里》，《湖南日报》，2019 年 07 月 29 日第 07 版

颜石敦：《桂阳七里街：她从宋代走来》，《湖南日报》，2022 年 4 月 30 日第 03 版

常立军：《重走青年毛泽东安化游学之路》，《潇湘晨报》，2022 年 6 月 19 日 A08 版

**学位论文**

赵逵：《川盐古道上的传统聚落与建筑研究》，武汉：华中科技大学，博士学位论文，2007 年

蒋烨：《中国廊桥建筑与文化研究》，长江：中南大学，博士学位论文，2010 年

彭小文：《新化风雨桥建筑现状调研及保护研究》，长沙：长沙理工大学，硕士学位论文，2015 年

**网络资源**

文热心，段云行：探访湘安古道：毛泽东、萧子升和涟源伏口“三罗”往事。新湖南，https：//

m. voc. com. cn/xhn/news/201812/14440178. html

夏博："重走长征路"探访湖南城步 瞻仰红军长征烈士纪念碑。新湖南，https：//hunan. voc. com. cn/article/201611/201611282314182814. html

陈黎明：穿岩山的红色记忆。新湖南，https：//www. hunantoday. cn/news/xhn/202102/14465657. html

赖泳源：中方黄溪古村。华声在线，https：//www. voc. com. cn/Topic/article/201309/201309061655462630. html

罗倩、戴瑾昕：湖南"湘"约邵阳③丨绥宁寨市古镇：千年古韵今犹在 深巷烟火待君来。红网，https：//sy. rednet. cn/content/2022/05/25/11311162. html

【红色故事汇】誓死追随贺龙的虎将——吴虎臣。红网张家界站，https：//zjj. rednet. cn/content/2019/10/07/6088969. html

杨盛科：莲花桥阻击战：为"通道转兵"赢得时间。红网城步站，https：//m. voc. com. cn/rmt/article/3254050. html

贺龙与桃源。常德市民政局，https：//mzj. changde. gov. cn/mzdt/ksdt/content_ 820766.

甄琪：陈家河的三原色。掌上张家界，https：//m. thepaper. cn/baijiahao_ 20097105

红军长征过石江。洞口党建网，https：//www. dkdj. gov. cn/content/2006/08/24/12817591. html

少共国际师：短暂而光辉。中国民主建国会贵州省委员会，http：//www. gzmj. gov. cn/hyfc/202012/t20201224_ 76988087. html.

# 《湖南古代廊桥》专家评审意见

《湖南古代廊桥》以普查资料为基础，以道路演变为线索，以流域水系为单元，简述了廊桥发展演变、构造特征及文化内涵，全面、系统地展现了湖南廊桥的发展概貌与历史价值。作为国内首部系统研究地方廊桥的专著，该书具有三大鲜明特性。

首先是原创性。书稿采用的史料、数据与照片，是在田野调查基础上，经过认真整理、核对而成，并在此过程中核查了大量地方文献，对有关问题进行了考证，凸显了书稿原创性。

其次是学术性。作者将古代廊桥放入交通演变、商贸兴衰及人文地理、民俗文化等大背景中去梳理，并运用了历史学、考古学、桥梁工程学、建筑学、民俗学，甚至碑帖学与口述史等方法进行研究，内涵丰富、内容厚重，学术性强。

再次是可读性。书稿行文简洁流畅，使用大量图片展示廊桥全貌及细部构造，弥补了文字表述的局限，图文并茂，版面生动，视觉效果好，可读性强。

总之，书稿观点正确，内容新颖独特，逻辑严谨，用图清晰美观，具有很高的历史、科学和文化价值，可以出版。

**评审专家：**

湖南省社会科学院历史文化研究所原所长　**王国宇**研究员

中国科技史学会建筑史分会主任委员、国家文物局古建筑专家委员会委员、湖南大学建筑学院原院长　**柳肃**教授

湖南师范大学历史学院院长　**钟声**教授

湖南省文史馆副馆长　**李跃龙**研究员

湖南省文物考古研究所副所长　**吴顺东**研究员

湖南省文物局博物馆处原处长　**谢武经**副研究员

湖南省档案馆原副馆长　**禹丁华**研究馆员

**2022年10月12日**